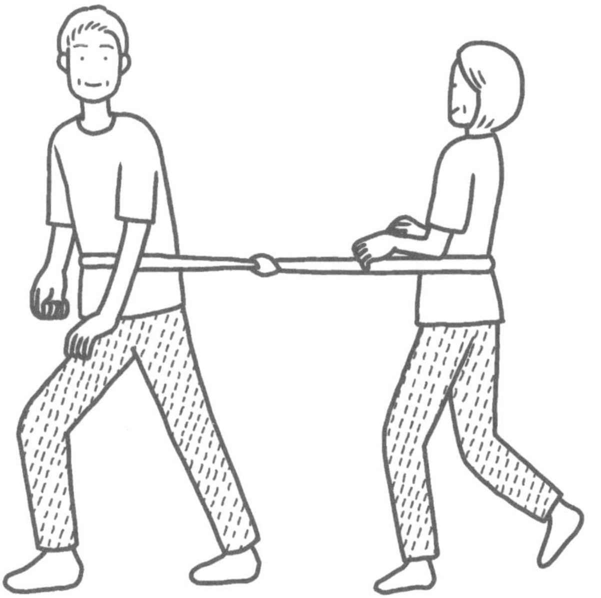

日常生活の中で
生きる力を育む健康づくり

一般体操

春山文子
HARUYAMA FUMIKO

幻冬舎MC

日常生活の中で生きる力を育む
健康づくり「一般体操」

はしがき

普通の生活の中で生きる力を育む生涯の健康づくり「一般体操」を顧みました。

人は、母体から産声をあげて生まれ、無事を喜び、生涯の終わりに「呼吸が止まりました」と告げられるまで動き続ける動物、すなわち動く生物です。生涯において健康な生活を営み、最後まで自分ひとりで思うままに自由に動けることを何よりありがたく幸せに思い、怪我や病気で動けないときは健康のありがたみを強く感じるものです。

予想もしなかった人生100年時代を迎えたいま、後期高齢者である私自身、これからどう生きていくか考えざるを得ません。しかし、過去を振り返ってみると、これまで継続してきて身についたことがたくさんあります。そこに加えて最新情報をつねに取り入れつつ、試行錯誤をしながらも無事に過ごしていることを考えますと、一般体操を継続しているおかげではないかと実感しています。

私が体操に魅力を感じ始めたのは、中学のクラブに駆り出されたことがきっかけでした。

中学３年生から大学を卒業するまでは選手生活で、インターハイ、インターカレッジ、オールジャパンと、国民体育大会の出場選手でしたが、大学卒業後は体育教師となり一般学生の健康づくりに関わりました。特に1964年の東京オリンピックから健康づくりブームでもあったので退職までの48年間は一般体操指導がメインになりました。その間、学校体育と社会体育をつなげ生涯学習を目標にしてきました。そして、体操嫌いを減らしたい一心で考案したのが、「導具」（造語、著作権©を取得）と命名したオリジナル手具です。一般体操の指導にこの導具を活用することが特徴となっているほか、継続の成果や進歩の自己評価を目的に、一般体操の国内外の大会への出場も続けています。日本体操祭（1978年から連続）、世界体操祭（1987年大会のジムナストラーダから）、環太平洋体操祭（パシフィックジムフェスト）、アジア体操祭などに、無理のない範囲で出場機会をつくっています。そして一般体操講師として、厚生労働省、文部科学省関連、自治体の講座、カルチャー教室、企業の指導者対象講座など、学会活動では、日本体育学会、日本体操学会、幼少児健康教育学会などでの発表、健康づくりの一般体操をメインに他領域の方々と関わりながら社会体育の進化を感じてきました。こうした多くの体験から、基本の重要性を改めて実感しています。定年後は一般体操の対象者に必要な内容についてノートにまとめるかたちで執筆をしてきました。一般体操に集中できる時間も増え、他領域にも視野を向けることで見えていなかったことの気づきも多く、学習意欲も沸きます。

生活に役立つ健康運動「一般体操」は、海外の世界的大会に参加して感じたことも参考になっています。それは、人間の動きは、グローバルに共通する動きであるということです。そこから、地球人としての土台づくりの基本から、ダイバーシティ、そしてニューノーマルへの応用発展を意識するようになりました。その過程では、人間形成に必要な心身の健康づくりの土台となることを「一般体操」でも強調しています。

現場から求められる実用的な知識や動きの理解にかかる時間は予想以上に多く必要です。知識の理解のみならず理論と実践的行動の融合が今日的健康づくりに必要であると感じています。生活環境が便利になり、身についていない基礎的機能がさらに弱く失われがちで、生きる力を育む生活動作にも影響がみられます。動けない、動かない、身体活動内容の不足が増えて、やがてそれが原因となり生活習慣病につながるという過程を懸念しながら微力を提供しています。生活の場で、時間も費用もかからない、生活動作をおろそかにしない生活密着型の身体活動を自分自身が実践して（実践躬行）、身体活動不足や運動不足を補って健康づくりに努め、生涯一人で自由に動けるからだを維持することの重要性を提唱しています。

生涯において予測もしていなかったことが起こったとの報道を知るにつけ、いつでも、どこでも、だれでも備えておくゆとりの健康・体力を日常生活姿勢としておきたいものです。天災・災害や感染症のパンデミックにも免疫力を維持できる心身のバランス機能、家族や仲間にできるだけ迷惑をかけず協力できる体力、生涯における目的・目標を達成するための体力など、何事も健康・体力が行動判断する第一条件になります。いつでも、どこでも、だれでも対応できるゆとりの体力を持って生活するには、普段の生活の中で全身運動の身体活動を継続することを疎《おろそ》かにしない生活姿勢が望まれます。

生涯学習のテーマとして、普通生活の中で生きる力を育む健康づくり「一般体操」を軸に、生きる活動をすることが「生活」であるならば、まず「普通の生活」に主眼を置き、実生活に役立つ身体活動や運動の工夫をする現場の指導者であることをメインに取り組んでいます。継続的な視点から見ると、戦前、戦中、戦後生まれの人の健康と体力の差異から、昭和、平成、令和にわたる社会的背景の大きな変化とともに、生活に対する人間の考え方も変化していることに気づかされます。世代間の相違、生活スタイルの違いによって生活動作も異なり、考え方やからだの機能にも変化が見られますが、“生きるための基礎的動作”はいつでも、どこでも、だれでも失ってはならないと感じています。

ADL（日常生活動作）には、初歩段階（寝起き、衣服着替え、食事、排便、洗顔、入浴など）と第二段階（病院、銀行、役所、買い物などに行くこと）の生活のための動作が含まれますが、初歩段階だけができている状態でも「ADLができている」と判断をしている場合があります。自分のことは自分一人でできるように導くためにも、掃除、片づけ、料理など室内で行う動作と、公的な場所へ外出して用事を済ませる動作の区別をはっきり理解しやすくしました。「考える」、「作る」、「使う」、「二足歩行」という人間の特質は、身につける最適時期に相応しい行動を行うことが効果的で身につきやすいのです。そのタイミングを逃すと、質、量ともに習得に時間がかかります。もっと早く始めたかったというのは、高齢社会の現場でよく聞く言葉です。そのようなとき、一般体操の使命感を感じさせられています。

バックグラウンドの異なる人を対象に行う健康づくりでは、専門家のアドバイスや支援を受け入れても、各自が満足するまで繰り返す時間は短く、消化不良状態で次の講座に進むこともあります。非日常的な新しい体操で、興味はあるけれどついていけない、テンポが速い、順番を覚えられないなど個人差がありますし、ストレスを感じることにもなります。

若い人、成人、老人に共通するのは、日常の動きや動作が“いつでも、どこでも、だれでも”できるつもりになっていることです。コロナ禍の生活も3年が過ぎ4年目に入った今、生活習慣を見直す良い機会になったように思われます。ただ、動かなければ不具合にも気づきません。恵まれた生活環境の功罪に早く気づくためにも動いて具体的な改善内容を見出して、できることから行動を開始すると楽しみになります。

自粛生活は萎縮生活になり、体力の調査結果でも明らかなように総合筋力の低下は握力でも報告されました。その他、サルコペニア、ロコモティブシンドローム、フレイルが気がかりな情報として強調されています。もちろんメタボリックシンドロームや認知症など、運動不足が関連して起こるすべての生活習慣病の予防が呼びかけられていますが、生活の見直しの中で、「座りすぎ世界１位の日本人」（主要国中）の意識改善が示唆された報告もあります。

運動不足予防のおすすめのノウハウはいろいろ紹介されていますが、自分のからだに相応しい内容かどうか、どこの筋肉が減少しているか、どのような動きを必要としているかを確認することもなく安易に取り組むと、からだに不具合を感じて休みがちとなります。こうした自己流の対症療法後の中止は、知識不足や自覚不足とも感じられます。

受診で運動不足を指摘され、体力をつけたいと漠然とした目的で健康体操講座に来る人もいます。確かに運動はからだづくり、動きづくり、友達づくりなどに効果がありますが、からだの即効薬的な効き目ではなく、運動を続けるための導入とし、その後の生活の中で動くことが習慣化するように、具体的に理解しておくことが参加するときの心構えになります。

また、一人で自由に動くのと仲間や集団で動くことのそれぞれのメリット、デメリットにも注目してみてください。身体的、精神的、社会的に得られる多様性は多方面で活用でき、健康体力が一層高められるでしょう。集団の体験によって人とのつながり、イベント参加、異文化交流も可能となり、一人ではできないチャンスが増えるなどメリットも大きいのです。

生涯学習の手段として取り組むときは仲間との協力が必要で、「一般体操」が、生きる活動の中の多様な観点で紐解くには大切な要因になります。

人間は全一体の考えで総合的なバランスが重要ですが、自分のことを一番知っているのは自分です。そして、自分で考え、改善・修正しながら動く土台づくりに役立つのが、一般体操です。私が普通の生活の中での身体活動、運動習慣を定着させることを生涯のテーマとして長年歩んできた「実践と気づき」が、皆さんの生涯の参考になることを願っています。

目次

第3章　生涯学習のテーマとなる一般体操

第4章　自分に相応しい「導具」の考案と活用

第5章　新しいことにチャレンジ

第6章　一般体操を顧みる

第7章　高齢期の一般体操の現場から

第8章　あとがきに代えて

第1章

生きる力の土台づくり

第1章の生きる力の土台づくりとして、以下の１～４について説明をしています。

1　基礎づくりでは動ける喜びを知る

2　日常生活の中で多くの動作を体験し習慣化する

3　動作内容をバランスよく選択して偏りに注意する

4　基本動作の「一連の体操」

1 基礎づくりでは動ける喜びを知る

人間は、他の動物のように、生まれてすぐ立ち上がり歩くことはなく、未成熟状態で生まれることから、順序立てた学習が必要であることは言うまでもありません。一人で歩くようになるまでには、おおよそ1年近くかけて筋力や機能づくりをします。寝返りや一人座りから、手と足を使って自由にハイハイで移動する時期があり、つかまり立ちをし、やがて一人で歩けるようになるまでには、何度も何度も繰り返し筋力と機能を強化しています。一人歩きができたときの喜びは、親も本人も忘れません。自分の意志で自由に動ける喜びは生涯保持したいものです。

現代の便利な生活では、動く努力を忘れたような弱いからだが気になっています。バギーに乗った乳幼児が足をぶらぶら動かしている光景、転んでも立ち上がらず助けを待つ光景、子どもも大人もモータリゼーションの環境では階段､坂道を避け､便利な交通によって歩く機会が減り、基礎となるいろいろな動きや動作が減少しています。繰り返しの頻度も少なく、できるだけ力を必要としない、軽薄短小で強度の弱い行動を選ぶのが当たり前になっているので、私は繰り返すことで身につくからだづくりを強調したいのです。いつでも動ける喜びは、元気な明るい声や楽しんでいる行動に表れるものです。ゆっくり繰り返し動いて十分な時間をかけて土台づくりに努め、いつでも、どこでも対処できるからだを保持していくことを望みます。土台となるからだは、その後の動作につながり、影響を及ぼし、自信をもって自由に一人で動ける喜びや、積極的行動に変わっていきます。

② 日常生活の中で多くの動作を体験して習慣化へ

いつでも、どこでも必要なときに相応しい動作がすぐできることは生活にゆとりを生みます。

生涯において、いつどのようなことが起きるか予測はできないもので、“こんなはずではなかった”と思わぬ事態に遭遇するかもしれません。とくに災害時に必要な動作は日常生活の中で育んだ対応動作があってこそ生死の分かれ目にも役立つと感じています。地震、火災、水害時の状況を想定して、日常生活で身につけておく体力、筋力機能として、安全な場所へ移動する動作は､低い姿勢で動くことです。また､災害が収まってから少し離れたところに移動するときは、つかまる、抱える、またぐ、くぐる、乗り越えるなどの動作が必要なときもあります。

生活様式とともにからだづかいも変化して、動作の不足と過剰動作も気になります。停電で、電車など交通機関も止まり、暗がりで移動することもあります。そうしたときの頼りは自分のからだで、中でも、筋力、柔軟性、持久力が必要です。日常生活では、基本動作と手段となる動作も身につけておくと、とっさの行動が可能になります。余裕力を保持しておくことを忘れないように心がけて過ごしましょう。避難場所に行くにも、荷物を持って速足で移動する、階段を移動する、子どもや老人と一緒に歩くこともあります。日常生活の中の実用動作として身につけておくように習慣化し、日常生活動作として維持しておきたいものです。楽な生活は知らない間に筋力、機能、体力低下を招いていることを自覚しておき、意識的に動くことを忘れないためにも、生活の中で習慣化しておくとよいでしょう。

③ 動作内容をバランスよく選択して偏りに注意する

日常生活の動作を、部分運動と全身運動に大きく分けて考えてみます。表1の「からだの基本運動（部分・全身）」（26ページ）を参照していただくと理解しやすいと思います。

部分運動では関節を中心とする一部位の動きを行いますが、全身運動ではからだ全体を動かす移動動作を伴います。部分運動でも座った姿勢で行う動作と立位姿勢で行う動作があります。部分運動では歩数計ではカウントしませんが、全身運動は上下、左右、前後に移動する動作で（普通速度以上のとき）、歩数計でカウントします。ただし、全身運動でもゆっくり歩く動作（展覧会場など）や忍び足で歩くとき、ゆっくり立ち上がるときには歩数計ではカウントしません（スマホやウェアラブル端末と歩数計では異なります）。ですから部分運動と全身運動が偏らないように配慮することが大切です。現代生活ではどちらも不足がちで、身体活動や運動不足による不健康状態が問題視されていることを意識して、生活習慣病の予防にバランスよくからだを動かす心がけを忘れないようにすることが大切です。

また表1からもお気づきでしょうが、日常生活の動作では部分運動も全身運動でも「人、物、場、事」と関わる動作が行われます。現在の生活動作は手、足、胴体が連動して動く全身運動が減少傾向です。生活環境の便利さが原因の機能低下や経験不足、未発達機能も感じられます。子どもの外遊びの減少は低鉄棒での逆上がり、跳び箱、スキップなど遊戯の中で行う機会を奪い、運動嫌いや体育嫌いを増やす原因になっています。片足に体重をのせて立つことができなければスキップは怖いでしょう。また、腕を曲げてからだを引き上げられないと逆上がりはできないでしょう。高いところから飛び降りて支える筋力がなければ飛び降りるのも怖いでしょう。いろいろな運動遊びの機会が少ないことが原因で、怖い、できない、嫌い、やりたくない、という感情が生まれるのは当たり前でしょう。うまくなるまで、からだが覚えるまで繰り返し行う時間が足りないように思われます。

④ 基本動作の「一連の体操」

一連の体操は、目的・目標に相応しい内容で構成しているのでとても便利です。例えば、皆さんがよく知っている「ラジオ体操」は必要な要素が組み込まれ、動きやすく順番が決められて、続けるのに便利な一連の体操です。

一連の体操は、やる人はだれか、何を狙いにするか、どこで行うかなど、続けやすく考えてつくります。例えば、職場体操、学校体操、各種のクラブ体操など様々な人々が活用しています。決めていると毎回考えなくてもできる便利さがあります。仲間と一緒に動けて励みにもなり、会話がしやすいなど重宝です。食事の定食メニューのような便利さがありがたく思うときもあります。

図２（28ページ）の「基本の体操は様々な人々に役立っています」を参考に自分の体操を考えて、作って、続けてみましょう。その日の体調など動きから様子を判断でき、不調の早期発見や心身のコントロールもできるほか、続けることで他者とのつながりを多くし、それをきっかけに談笑のネタも広がるなど、健康の自己管理に役立てられます。

体操は欲張らず、動いた後に心地よさが感じられる程度がよいでしょう。内容は多すぎず、時間が長くならない配慮も大切です。一連の体操は始めから終わりまでの全体を通して動きますので、内容の順番によって強度が増し、強くなることで体力の弱めの人には喜ばれないということにも気をつけねばなりません。多くの人が行える内容を選択し、動きやすい順番にして、号令代わりの心地よい音楽とともに動ける内容で継続しやすくすると喜ばれます。多く、強くより、やさしく、物足りないくらいの用量で、動き方を大きく丁寧に行うことをおすすめします。

からだの基本運動（部分・全身）

部位	関節	部分運動		全身運動	
		物を使わない動き	物と関係する動き	物を使わない動き	物と関係する動き
	指	曲げる・伸ばす	つまむ	歩　く	引く・引きずる
		合せる	物を置く	走　る	押　す
	手首	ねじる	すくう・のせる	はずむ	振　る
上肢		まわす・さする	つかむ	ころがる	振り回す
	肘	振る・払う	押す・引く	跳　ぶ	投げる
		たたく	ねじる・抱える	回転する	受け取る
	肩	上げる	引き伸ばす	ねじる	蹴　る
		力を抜く	持ち上げる	振　る	よじ登る
	首	曲げる	押　す	は　う	ぶら下がる
		まわす	寄りかかる	止まる	くぐる
胴体	胸	ねじる	ねじる	のびる	持ち運ぶ
		そ　る	乗せる	縮　む	跳び越す
	腰	伸ばす		力を抜く	よける
		縮める			叩きつける
		力を抜く			打　つ
	指	曲げる・伸ばす	はさむ		滑　る
		振　る	蹴　る		泳　ぐ
	足首	まわす・ねじる	乗せる		漕　ぐ
下肢		上げる			
	膝	支える			
		開脚・閉脚			
	股	力を抜く			

表１　からだの基本運動（部分・全身）
『日常生活で自分のからだを知る・つくる体操』（春山文子　文芸社）
より転載

図１　基本となる動きの模式図
『日常生活で自分のからだを知る・つくる体操』（春山文子　文芸社）より転載

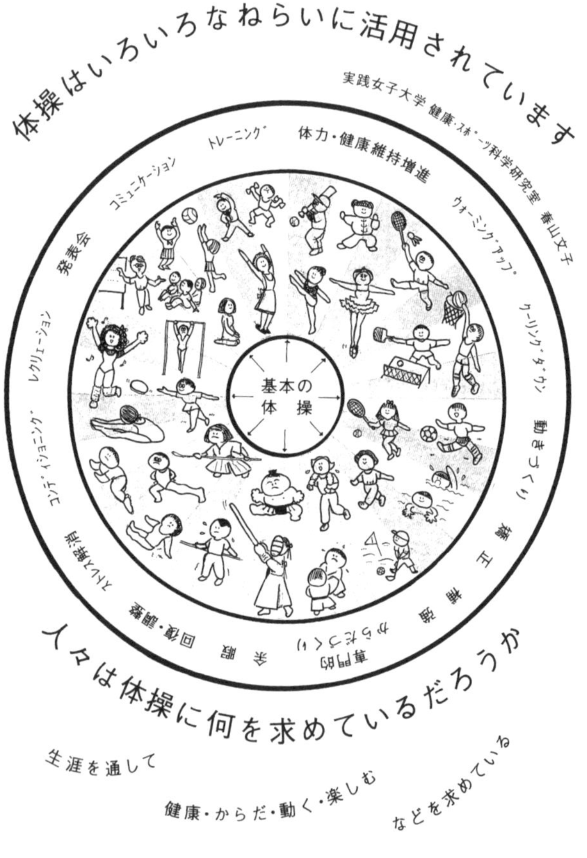

図２　基本の体操は様々な人々に役立っています
地域のご当地体操、企業体操、学校体操、クラブ体操など目的を踏まえて自由に構成しています。みんなで動ける一連の体操で、名前や伴奏音楽などを付けてもよいでしょう
『日常生活で自分のからだを知る・つくる体操』（春山文子　文芸社）より転載

第2章

生活動作を段階的に確認

第2章では、生活の動作を次の４段階に分けて確認してみます。

生活とは、生存して活動することを言います。ADL（activity of daily living）という言葉をよく聞くと思いますが、一般的に日常生活動作と呼ばれています。

生活の中で多く行われている動作について、４項目に分けて確認しやすくしました。

生活動作の４段階

１．初段階の生活動作（生涯必要な動作）
２．第2段階の生活動作（外部と関わる生活動作）
３．第3段階の生活動作（地域社会に参加協力動作）
４．第4段階の生活動作（健康維持に必要な動作）

以上の項目ごとに生活動作を確認して生活の充実に役立てる示唆となるようにしてみました。

生活動作の４段階　その前に

各項目に入る前に、なぜ4段階に分けたか、また、姿勢と呼吸の関わり方についても説明が必要であることに気づきましたので、初めに触れておきます。

社会体育での一般体操の基礎づくりは、生活動作から取り上げていますが、実動現場での動きを見て気づいた１つ目は、「動作は当たり前の動きで無意識に動いている」ため動き方や内容について説明が必要であるということです。２つ目は「姿勢と呼吸の関わり」についても説明が必要だと感じ、簡単な聞き取りや記入方式で現況を調査した結果を踏まえて健康体操講座に役立てていることです。以上の１と２の気づきから４区分に具体化して理解しやすくして、自覚しながら動けるようにする方法としています。

１つ目の気づきでは、一般体操はやったことがない、「はじめてです！」という方々から生活動作に対する意識が変化したとの感想が聞かれるようになりました。

　また、生活様式の変化がからだの動かし方に影響している代表例に、和式トイレの減少があります。しゃがんで用をたす機会が減り、しゃがむ姿勢が苦痛になっているため、和式トイレが空いていても、わざわざ洋式に並んでいる光景もよく見かけます。また、重い荷物を持たない、便利な交通網によって歩かない、手料理も簡単に、など生活環境の変化が身体機能に影響を及ぼしています。

　２つ目の「姿勢と呼吸の関わり」についても、階段や坂道を上がったときにハーハーと息切れしている人が多いのも気になります。呼吸を意識するのは深呼吸のときくらいかもしれませんが、動きと呼吸の関わりについての知識やトレーニング不足が見受けられる現状を踏まえ、生活動作指導に役立てる狙いで細分化して説明しました。

生活姿勢と呼吸についてのマメ知識

　生活で主に使われる姿勢

　臥位姿勢＝仰向け（仰臥位）、腹ばい（伏臥位）、横

向き（側臥位）

座位姿勢＝正座、あぐら、横座り、脚伸ばし（長座位）、膝づき座（起坐位）、腰掛ける（各種椅子・石・材木）

立位姿勢＝両足立ち（立位）、片足立ち、中腰（しゃがむなど）

呼吸は、脳の呼吸中枢が肺の周りの筋肉を動かすことで行われ、動作目的により自分でコントロールすることができます。

例えば、呼吸を止めるとき（顔を水につける）、胸いっぱいに息を溜めて一気に吐き出す（強い力を必要な動作）、細く長く吐き出すとき（ケーキのたくさんのローソクの灯を消す）、大きく吸って止めるとき（レントゲン撮影）、ゆっくり動作、小刻みの動作など調整して行われます。

姿勢と呼吸が合致しないと出来ばえに影響（スタートラインでの“用意ドン”の出遅れやフライング）があります。

生活動作は生涯にわたって重要な土台づくりとなる動作であり、生活の中で無理なく自由に続けやすい場と考えてください。

① 初段階の生活動作（生涯必要な動作）

我々は、日常生活で行っている基本動作を無意識に、当たり前にしていますが、手や足のちょっとした痛みや軽い怪我でさえ不自由に感じるものです。病気で寝込むと一層普段のありがたさに気づくと思います。

「初段階の生活動作」の内容は、生涯の生活の基本動作となることを自覚して生活するという意識性を保持しておく行動です。この初段階での動作内容には、立つ、座る、横になる、寝返る、這う、立ち上がる、歩くなどの移動動作、衣服の着脱、洗顔、歯磨き、食事、排便、入浴など毎日行われている生活動作が挙げられます。これらは生涯一人で行う生活基本動作です。子どもの時期に生涯動ける動作を繰り返し行って身につけて成長しています。高齢になって介護が必要になる原因に、生活の中での身体活動不足が挙げられます。使わないと動きを忘れる、筋力機能が低下する、一人で動けなくなることなどが問題になっている現代の生活では、生活様式の変化や便利な生活環境に対する無自覚が原因として挙げられます。少子高齢化でマンパワーが減少、人的資源を補うためのITやAIの普及も一般化するまでにはまだ時間がかかります。やはり自分で自由に動けることほど便利なことはないでしょう。日常生活で規則正しい生活をおろそかにしないで、最後まで一人で動けるからだを維持することを強調しています。

② 第２段階の生活動作（外部と関わる生活動作）

ここでは外出時の生活動作について確認するために、

１カ月間の主な内容を書き出してみました。生活環境には個人差があり一概には決めにくいものですが、各自の生活動作について確認してみましょう。日頃の状況を知って改善が必要なことを意識してみると過剰や不足にも気づく機会になるでしょう。何が起こるか分からない日常生活では日頃の心がけが、いざというときに役立つのです。

外出の頻度は、「毎日、週、月」単位で考えてみます。外出の目的は、役所など公的な手続きなど必要事項の用事（役所、銀行、郵便局、その他）、買い物（個人商店、コンビニ、スーパーマーケット、デパート、その他）、医療関係（薬局、病院、マッサージなど）、仕事のための外出（常勤、フリー勤務、自営業、アルバイトなど）、その他（家族への協力、送り迎えなど）。そして、移動手段（徒歩、自転車、自家用車、電車、バスなど）についても考えてみると、外出を必要とする生活動作は広い範囲で行われていることが分かります。

外出動作では、人によって動作内容やエネルギー消費量も異なりますのでからだの状態を意識して、相応しい配慮もしておかなければなりません。その日の状況変化もありますが、平均的な日常を考えます。銀行や郵便局などの窓口が対面からコンピュータ処理へと、行くたびに変更されていることがストレスとなり、外出が減少し、便利屋さんを当てにする高齢者が増えています。独り暮らしの生活者は、核家族の子どもにも迷惑をかけたくないのであれば、自分のことは自分でできるようにしておくことが生涯を楽しむ生活動作の前に必要です。

③ 第３段階の生活動作（地域社会活動に参加協力）

「第3段階の生活動作」は、地域社会活動への参加についてです。地域社会とつながることは、近所との顔合わせや会話が少ない人の良い機会にもなる日常生活で必要な行動の一つです。また、地域住民と顔合わせをすることは、近頃の悪質な事件などを未然に防ぐことや、子どもたちの安全を見守るという地域の重要な役割にもつながるでしょう。

相互扶助の心構えは、日頃の顔つなぎから始まります。それぞれ忙しい生活のなかで日程の調整もしなければなりませんが、お任せばかりでは、共同生活は成り立ちません。立ち話ができるご近所づきあい、地域の清掃、草取りや避難訓練、自治会集会などでいつも同じ顔ぶれでは、せっかくの機会ももったいないと感じます。安全で安心して住むことの環境づくりの会と考え積極的に参加しましょう。室内動作では行わない非日常的な動作も伴います。訓練時の動作で感じることは、普段使われていない筋力やスタミナ、荷物運び、急いだ移動など、備えておきたい体力に気づくでしょう。動いた翌日以降の疲れと回復状況を意識して参加されない人もあるようですが、緊急時の備えは身体活動の備えにも重要な生活動作です。

地域社会をつくるための生活動作は、時間や場所を同じくして行うと効力を発揮しやすくなります。健康体力づくりの目標のなかでも生活体力が目標に挙げられているように、日常の筋肉の使われ方と緊急時の動作内容を意識した筋力の強さ、柔軟なからだ、そしてスタミナ（持久性）が必要になります。日頃から柔軟なからだづくり、からだほぐしのストレッチ、多様な動作での全身運動（立つ、しゃがむ、ひねる、大また歩き、中腰歩き、這って移動、またぐなど）を含めて、生活動作をいつでも使える状態に維持しておくことを挙げています。

④ 第４段階の生活動作（健康維持に必要な動作）

「第4段階の生活動作」では、日常生活の中で健康維持に欠かせない生活動作について挙げています。日常的に健康回復を試みながら維持に努めていると思いますが、特に３つのR、リラックス（relax）、レクリエーション（recreation）、レスト（rest）は回復方法として役立ちます。

リラックス効果の例としては、子どもの世話や家族の介護、労働の後の疲れなど、緊張を緩める軽い体操の動作があります。例えば、両腕を開いて背伸びや深呼吸をする、胴体をひねりながら両腕を振り回す、膝や足首を曲げて上下屈伸などをして生活の実用動作よりも少し大きく、ゆっくり動いて気分をほぐします。レクリエーションとしては、絵画展や観劇、音楽会などに出かける、カラオケや仲間と談笑する、趣味のダンス教室やスポーツで汗をかくなど、自由時間に非日常空間で身体活動を行い、心を解放することが挙げられます。そしてレストでは、近くの温泉、ハイキング、山登りなどに出かけ、短く休養をすることです。持ち物、服装などいで立ちを考え準備することも日常とは心構えが異なり、気分が変わります。明日への英気を養うことが効果的な健康維持につながります。

以上のように４段階に分けて具体的に確認してみる

と、日常生活動作や身体活動不足が生活習慣病の予備群になっていないか、生活に必要な動作においての体力不足はないか、ストレスをためていないかなど、過剰や不足に気づくのではないでしょうか。

生活様式の変化は、いつの間にか生活動作の内容や量的変化になっていることや、たまに使ってみることで低下に気づかされます。動作内容では椅子の生活で低い姿勢ができなくなってしゃがみ姿勢で足首の固さやからだの裏側が伸びない固さが目につきますし、ひざを曲げないで腰を曲げて物を拾い、腰を痛める例もあります。歩きの量的不足は歩数計が故障かなと思わせる数量です。室内だけでは普通に必要動作をしているものの、歩数計はカウントしていない、ゆっくり、上下動の少ない静かな立ち居振る舞いの様子です。500歩にもならない報告の人が「歩数計が故障みたいで」と疑う原因は自分の動きにあることに気づいてほしいのです。近くの買い物で歩くと2000～3000歩程度、バス、電車で座っている状態ですと少なくなるでしょう、健康のために歩くのは１日6500～8000歩を目安にすることが望まれています。個人の生活環境に合わせて自分の適量を動いて徐々に高めることです。自分の健康管理がまず一番です。家族や地域社会への協力も、自分が健康でなければ笑顔も会話もなく暗い雰囲気で接するようになります。自分の自由時間を作ることも生活動作のなかで必要です。地域住民のつながりは心の安定になり、生活に心のゆとりが得られます。

健康を各自で管理しながら、大丈夫だと思っていても時々見直し、偏りや不足に気づきましょう。無意識に行動している日常生活では、つい省力化を選んで行動していて、いつの間にか筋力の低下になっているのです。外出したときの多様な動きで思いもよらない疲れがあること、後日に気づく筋肉痛、スタミナや柔軟性の不足にも気づかされます。便利さはやがて不便さにつながります。健康体力の状態が行動する前の判断基準の第一条件となるので、残念な気持ちにならないように、生活動作をおろそかにしないで体力の維持に努めることです。

第３章

生涯学習のテーマとなる一般体操

1．一般体操の理解、2．動いて学ぶ　3．用語を再確認する

この章では、以上の3項目を説明しています。日常的な例を取り上げて一般体操を身近に感じて取り組めるようにしています。

1 一般体操の理解

一般体操という言葉にあまり親しみがない様子の方に対し、まずはどのような体操か説明をしますと、体操といえば一般的に体操競技を連想するようです。1964年の東京オリンピック以降国民の健康づくりがブームになり一般体操が普及してきましたが、体操教室と聞くと「体操」が強調され一般体操の表示はありません。

一般体操とは、“競技をしないすべての体操”を含

み、健康づくりや楽しみづくりのための体操で、いろいろな可能性を追求しながら進めます。このような一般体操は、国際体操連盟（FIG）に沿って日本体操協会（JGA）の一般体操委員会も活動している公認の体操です。老若男女だれでも自由に健康を目ざして行います。いつでも、どこでも、だれでも、個人や仲間たち、学校や企業のクラブなどでも実践しやすく、自由に動けること、日常生活の身体活動や運動の知識も得られるなど多面的に貢献できるのです。

現代の恵まれた省力化生活環境はありがたい反面、全身の筋力、機能が低下していることに気づかされます。生活習慣病や予備群の健康問題は、国民の医療費の増大という社会問題化につながっています。国民の健康への意識改革のためにも今後一般体操での協力はますます重要になるのです。

一般体操の公的発表会も行われ、日本での最大の発表会は、毎年１～２回東京の第一体育館（東京都渋谷区）で開催される日本体操祭です。日本全国から一般体操連盟に登録済みの参加団体が集まり繰り広げられています。コロナ禍でも会場発表の団体と事前に受け付けた動画発表の団体で実施されていました。

動いてみるとからだのおかしさに気づきますが、座ってばかりでは低下していることにも気づかないものです。日常行動で習慣化へつなげる必要を考えて一般体操を実行しています。たとえ運動習慣を持っていても座りっぱなしは生活習慣病のリスクを高めることになります。

② 動いて学ぶ

最近いろいろな体操が紹介されていますが、この項目は、情報過多の中で気になる課題が現場では見えていることから取り上げています。例えば、しゃがむ動作が少ない、浅く小さい動作、腰や胴体が動かない、関節がさび付いたような状態で一部分の狭い範囲でしか動かせない、部分的疲労などが気になるといった内容です。

自分の好きなように動いていることが故障につながっていくような不安感を解消し、合理的な動きではないギクシャクしたぎこちない動作などを修正すると、疲れも少なく伸びやかで、無理のない良い動きになるだろうと観察されます。本人は普段から運動習慣もあり、筋力トレーニングもしているので大丈夫と思っている様子ですが、自己流の癖には気づかず安心しがちです。その結果として腰が痛くなる、膝が曲がりにくい、肩が凝るなどの違和感を持ちながらも、動いて汗を出すことで快適な気分、ストレスが解消できるので続けている人もいます。からだの動かし方は成果に正直に表れてきますが、必要な筋力以外は緩めること、動きが固いこと（からだが固いこととは異なります）、動作と呼吸が合っていないことなど、本人が気づいていない動き方が原因と思われる課題がいろいろなところで挙げられます。情報を得てモチーフや順番を覚えた後、自分で動くときは正しい動きで繰り返して身につけることが望まれます。

楽しい音楽や雰囲気を楽しむ体操や、筋力づくりのトレーニング体操、リズムに乗ってリズミカルに動く体操など、自分の好みで一連の体操が行われる機会が増えたことにより、非日常的な動作で気分転換したり、マンネリ化しないように変化をつけることも必要だと感じています。しかし、せっかく多様な領域の経験をしてもその成果が活かされるように次の段階につなげられるともっと楽しめるのではないでしょうか。やったことがある、知っている、で終わるのはもったいないと感じています。

動きづくりの知識を取り入れて無駄な力は使わないで疲れを少なくする練習が少ないように感じられます。楽しさプラス安全性、美意識は出来ばえだけでなくからだの機能づくりにも影響します。

まずは、生活の中で生活密着型の隙間体操など実用動作でからだを動かすことから始め、身体活動や運動を習慣化して徐々に環境を変えて気分転換していく用意が肝要ですし、時間も経費も節約できます。

体力に自信のない人、特に病後や高齢者はいきなり動くことのないようにからだの筋肉や機能の目を覚まさせる刺激から行い、生活密着型の一連の体操にして取り組めるくらいの気配りを忘れないことです。例えば一日の始めにはからだを軽く動かし筋肉の目を覚ます動作をしてから動きはじめましょう。その日がスムーズに動けるような準備体操を紹介します（写真150ページ）。

写真１「朝一番の目覚まし体操」

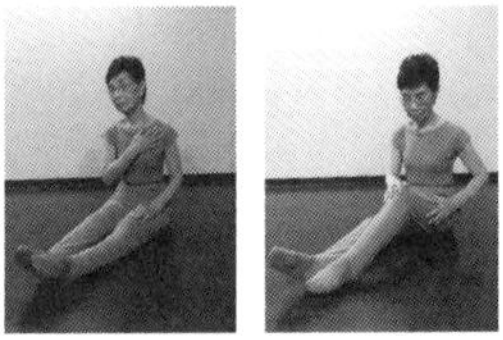

さする

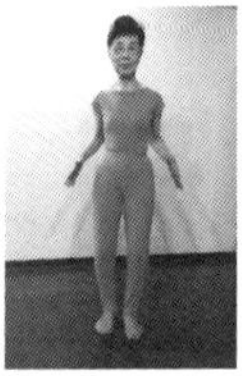

たたく

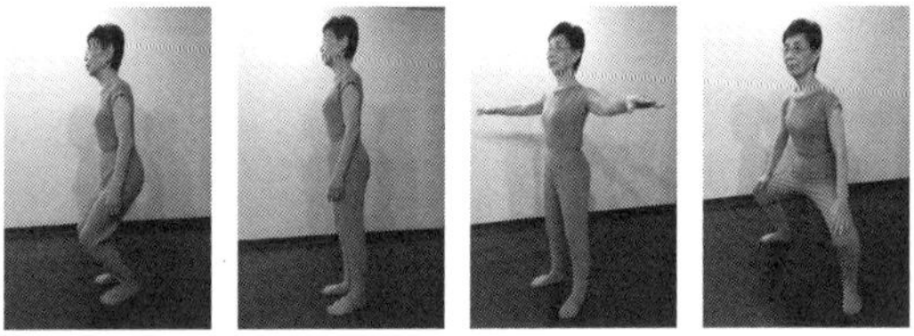

屈伸運動

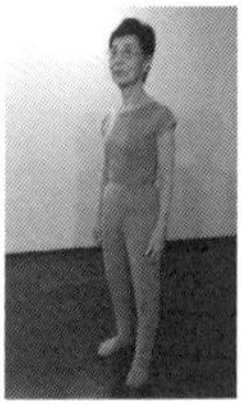

立つ

その場足踏み

写真２「あきない体操」

長時間同じ姿勢で座りすぎるときに動く体操です。飛行機内、避難所などでも行うことができます。

押す・引く・ねじる

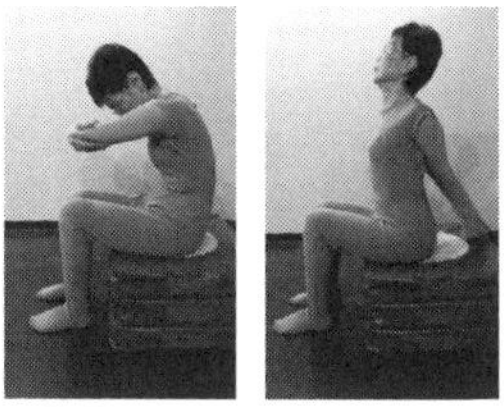

背筋を丸める・そらす

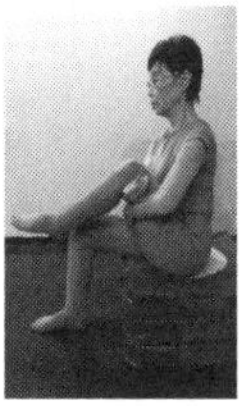

お尻から腿の裏側を伸ばす

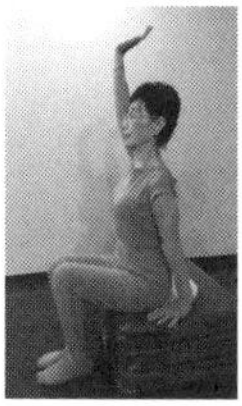

天・地を押す

図３（53 ～ 55 ページ）「星座体操」は、日常生活で使われる姿勢づくりのストレッチ体操です。順番を覚えやすくするために、女性が興味を持ちやすい占いをヒントにした構成にしています。「星座体操」とは星座と正座の姿勢の掛詞にしています。占いの 12 星座の順番に日常生活姿勢のポーズをとりながら姿勢を変えるときからポーズの姿勢へ連動させて動く一連の体操です。左側に姿勢づくり体操の狙い、対象、運動処方、生活効果、特徴、予防、対象などを示しています。右側は星座の順番に生活で使う姿勢を当てはめたポーズを示しています。

姿勢づくり体操

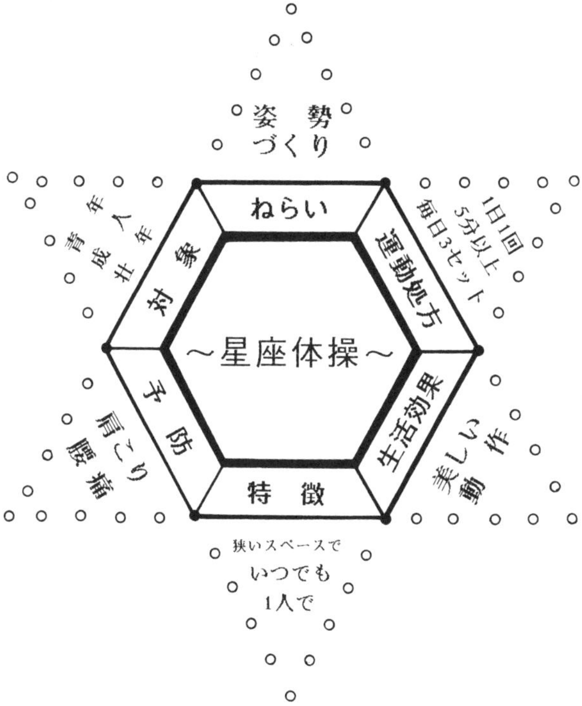

実践女子大学　春山文子

図3　「姿勢づくり体操」
（生活の中で「自分のからだを知る・つくる体操」『日常生活で自分のからだを知る・つくる体操』（春山文子著　文芸社）より転載）

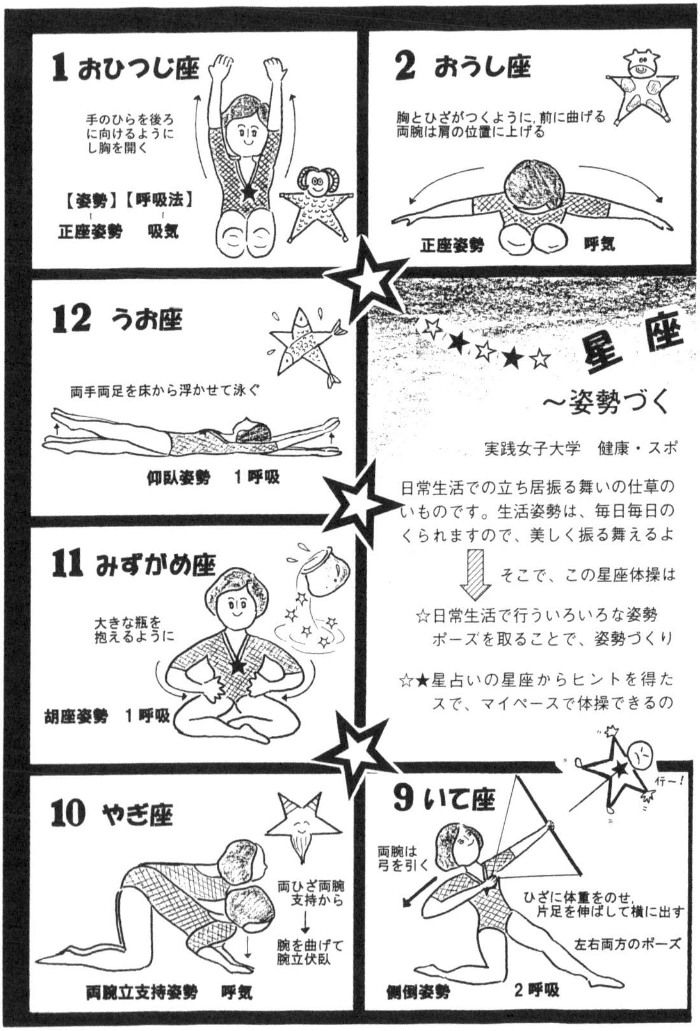
1 おひつじ座
手のひらを後ろ
に向けるように
し胸を開く
【姿勢】【呼吸法】
正座姿勢　吸気
2 おうし座
胸とひざがつくように，前に曲げる
両腕は肩の位置に上げる
正座姿勢　呼気
星座
～姿勢づく
実践女子大学　健康・スポ
日常生活での立ち居振る舞いの仕草の
いものです。生活姿勢は、毎日毎日の
くられますので、美しく振る舞えるよ
そこで、この星座体操は
☆日常生活で行ういろいろな姿勢
ポーズを取ることで、姿勢づくり
☆★星占いの星座からヒントを得た
スで、マイペースで体操できるの
12 うお座
両手両足を床から浮かせて泳ぐ
仰臥姿勢　1呼吸
11 みずかめ座
大きな瓶を
抱えるように
胡座姿勢　1呼吸
10 やぎ座
両ひざ両腕
支持から
腕を曲げて
腕立伏臥
両腕立支持姿勢　呼気
9 いて座
行ー!
両腕は
弓を引く
ひざに体重をのせ，
片足を伸ばして横に出す
左右両方のポーズ
側倒姿勢　2呼吸

図3　星座体操（左・右）

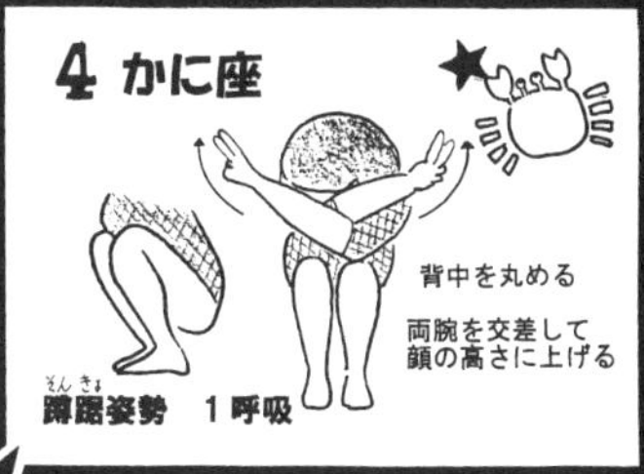

体　操　☆★☆☆★

り体操〜

ーツ科学研究室　春山文子

美しさは、見ている側でも気持ちのよ
生活の中で繰り返すことによって形づ
うに心がけたいものです。

☆★☆

を意識し、ゆっくりと呼吸しながら
をねらいとする一連の体操です。

ポーズなので､覚えやすく､狭いスペー
で便利です。

☆★

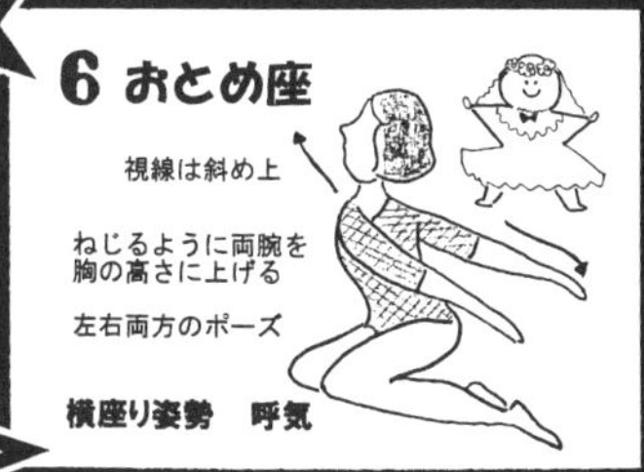

図4（58・59ページ）「案山子《かかし》の体操」
『日常生活で自分のからだを知る・つくる体操』（春山文子著　文芸社）より転載
自分の体重を片足にのせて立つバランス機能を維持する「案山子の体操」は、バランス機能に必要な筋力の補強を狙いにした、重心移動とポーズの一連の動作です。

4
案《か》山《か》子《し》の体操
1あいさつのポーズ
白↓右足重心
黒↓左足重心
右
左爪先
右
左
3 水平バランス
右
左
右
左
4 かかえこみ
上体を起こしながら
手のひらを上に
右足後ろに一歩下がり右足に重心
左
右
6 移動立ち上がり（右へ向かう）
7 振り返りバランス
右足を両手でさするようにしながら立ち上がる
右
左
右
左
右

図4　案山子の体操

2 片足立ち胡座
中腰姿勢
右足曲げる
立ち上がりながら
両手を閉じる
再びしゃがみ
ながら左足に
重心移動
両腕は下ろし
ながら前へ
右足後ろへ
左
右
ポーズ（後　退）
大木を抱える
ように
手のひらを顔に
向けてクロス
左足を左横に大きく
出してしゃがむ
5 しゃがみポーズ（左へ向かう）
こめかみを
握り拳で押す
*同様に、1-7まで完全に
反対の動きを行う
右手で左足爪先を持つ
左手前
*ポイント
重　心：左右交互に移動
体の位置：正面→後ろ→左→右へ移動
バランス体操
（羅漢拳より）
実践女子大学
健康・スポーツ科学研究室
春山文子

以上、生活密着型の隙間体操を目的別に紹介しました。これを参考に少しずつできる動作から始め、一連の動きができるようになると多用途に活かされます。

まずは動いてみると、自分のからだの使い方や日常の動きの習慣の偏りなどを知ることができると思います。見ると簡単に理解できますが、一連の動きは総合的で全機能を動かしますから、十分からだと対話をしながら、欲張らない、焦らない、無理しないで続け、自己管理を忘れないことです。

人生100年時代を生き生きと生活しているセンテナリアン（百寿者）の映像を拝見していると、姿勢の良い歩き方が美しいのも、自ら行っている日常のルーティンの情報がモチベーションとなり漸進的な行動の示唆になっているように思われます。

全員が異なるバックグラウンドの生活環境にあります。自分の具体的な目標を自覚して取り組む姿勢が重要です。

③ 用語を再確認する

「健康」「体力」「練習とトレーニング」「合理的な動き」について再確認してみましょう

一般体操のなかでよく聞く「健康」について、何のために健康づくりをするのか、具体的な目標を聞いてみると、不思議そうな表情が返ってきます。健康づくりを目的に生きているのではなく、何かをするための手段として身体活動や運動を必要として取り組もうとする具体的な狙いを自覚して始めましょう。

○健康について

WHO（世界保健機関）は、健康を「単に病気や虚弱でないことではなく、肉体的、精神的、社会的に完全に良好な状態である」としています。この定義を今一度復習してみます。健康を身体と精神のみで捉える方も少なくありませんが、現在必要視されているのが社会的な健康です。恵まれた生活環境では助け合う必要もなく生活ができるということでしょう。他人と出会う機会が少ないことから社会的な健康が求められるようになりました。孤独、孤立、孤食などの言葉が聞かれる世の中で“つながる“ことが大切に思われます。

身体的、精神的な不調は、毎日の生活動作での身体活動や運動内容の動きなどで気づきやすいのですが、社会的に良好な状態については、家族もそれぞれのスケジュールがあり全員での食事も少なく家族の会話も少ないことや他者との情報交換の機会も少ないなどの状況から、主体性をもって地域社会の集まりを活性化させることから始めるとよいでしょう。日常的につながりを持つ機会となります。

○「体力」について

体力が欲しい人が健康体操には参加してきます。ということは、人はからだの要求に応ずる能力を持っていたいと思うのでしょう。まず、１つ目は生きるための体力、２つ目は生活するための体力、3つ目はゆとりのための体力、４つ目は目標体力です。体力の種類で考え、自分がどの体力を求めているかおおよその目標を自覚することからスタートしましょう。体力は測定しやすいので、筋力、柔軟性、持久力など自己テストで確認しておくと情報判断のときに役立ちます。体力低下は動くと気づきます。日常的に動くことで維持できます。

体力レベルが高い人は行動体力が高いと見られがちですが、防衛体力も高いとは限りません。人間は全一体と考え身体的、精神的のバランスが重要です。体力も年齢とともに変化します。今の自分を知って体力づくりの計画をして、安全第一で、焦らず、欲張らず、無理せず継続して維持していきましょう。

〇練習とトレーニング

練習することもトレーニングも繰り返し行うことに変わりはありませんが、体操では技術的要素を習得するために繰り返して行う運動を練習といい、トレーニングは筋力や機能をつけるとか持久性を高めるといった体力的要素向上に重点をおいています。練習で覚えたこと、例えば自転車に乗れることは一度覚えると時間が経過してブランクがあっても覚えていますので不可逆的です。しかし、トレーニングで強くなった筋力は使わないと委縮するので可逆的です。子どもの時期に覚えた、はいはい、歩くなどの基本動作は生きるための土台づくりとなり老いても生涯役に立つのは、練習とトレーニングの両面を続けるからです。速く、強く行うための筋機能は低下して遅く弱くなりますが、昔できた動作は覚えており失われていません。

運動は、解剖学や運動生理学の知識を踏まえて科学的に練習して、疲れず上手で美しいといわれる合理的練習を繰り返します。基礎的な一般体操では動きの修正をしながら身につける練習を多く行い、動きの出来ばえを強調しています。

○「合理的な動き」とは

「合理的な動き」とは、どんな動きでしょうか。

一般的な言葉では、きれい！　上手な動き！　簡単そう！　美しい！　などで表現されます。どのような技もスマートで滑らかな動きで、のびやかな動き、タイミングの良い、リズミカルな動きは流動的で疲れも見えません。自分でも動けそうな錯覚を起こします。また、合理的な動きは自分の能力をバランスよく使って無駄がありません。「最小のエネルギーを使って最高の効果をだすこと」ですが、これは簡単ではありません。しかし疲れないように動くと、無駄な力は使わず、使われない筋肉までも緊張させないで休ませる使い方ができます。そのとき注意するのは、動的姿勢を意識して軸を安定させることです。

第4章

自分に相応しい「導具」の考案と活用

1 「導具」考案の経緯

日常生活の動作では、その大部分が “人・物・場・事”のなんらかと関わって動いていますが、特に手を使うことは多く、握る、つかむ、つまむ、持ち上げる、載せるなどいろいろな物と関わって動いています。また子どもの遊びやスポーツでも用具と関わって動くことがほとんどです。このような動作時の指使い、腕使い、胴体、下肢と全身の動かし方は、目的に沿って使い分けていますが、部分運動にしても全身運動の動きにおいて観察していると、ちょっと修正したくなるような不自然な用具の扱い方や動作が気になっていました。そこで安全面や効率面からみても基本動作や基礎づくりのときに改善しておきたいことに着目したことから、使用する用具が使う人に適正になるように工夫することにしました。

既成の用具は使う人の経験の有無・頻度、体格、体力差に合わないことが見られ、違和感があり、安全性や興味性において気になりました。そこで、使う人に相応しい用具の大きさ、材質の硬さ、柔らかさについて検討してみたところ、動きに興味を示すようになり、楽しさや積極的な行動が見られたことから本格的に「導具」をつくることにしたのです。動作の修正に活用する用具の適正化を重要視した、動く人に相応しい用具の提供は効率の良い動きを導く動機づけになります。用具を工夫し、手づくりした用具で動きながら動作の改善を試みました。

生活用具、遊具、スポーツなど専用の既成用具がうまく使え、楽しめるようになる前の段階で動くことや運動嫌いを少なくする狙いから、指導方法の一環としての試みでした。

考案した用具は、本来の目的とは異なるものを使うことや、オリジナルな手づくり、身近な生活用具の再利用、その他などですが、総称して動きを導く用具の名称を「導具」と命名し、４区分にしています。

「導具」のネーミングは、動きを導く用具として日米コピーライトの「第255905号」を取得しています。

② 導具の４区分

●エコ導具

身近にある材料を利用し、動きの狙いに合わせて使いやすく、生活の身近な用具・用品を再利用して使う導具のことです。捨てる前にもう一度役立てるために使います。

例えば、ペーパースティック（新聞の折込みチラシを丸めて棒状に作る）は棒状の用具の握り方、振り方、たたき方練習に、カットTシャツ（Tシャツの身ごろを切って輪に使う）は、衣服の着脱、結ぶ、ねじるなどの使い方練習に役立ちます。

●オリジナル導具

日常生活で使用した身近な物を材料として使い、少し手を加えて新しく考案したオリジナル手具として興味深い導具類です。

例えば、「オリジナルお手玉（標準サイズより大きい）」は手のひら・甲にのせる、つかむ、渡す、などの手先の器用さ、ボール運動の基本となる真上に上げる（トスを上げる）、投げる、全身振動のリズムやタイミングの練習には重宝な導具です。「下げ手玉」はオリジナルお手玉に手さげをつけました。かぎ状の指使い、重さを利用して振り回す、関節の可動域を滑らかにする練習に使うことや、老若男女のリハビリ用具に喜ばれる導具です。

「のびーる輪（水道用のホースとゴムで輪を作る）」は手触り・肌触りがやさしく、体力が衰えた人向きの筋肉づくりのために考案し、伸ばす、引く、足で踏み引き伸ばす、輪曲げでも転がらないので喜ばれます。

「ムーブメントふろしき（普通版の風呂敷の一角に重り(50g)を縫いつけた特許取得品、特許番号3723958です）」は動きを用具の先端まで伝導することを狙いに考案し、のびやかな動きづくり、スピード感、風を受けてたなびく旗体操的な動きを楽しむ、動きの速度と風を感じるなどの練習ができます。ただし、狭い部屋、風のある場では向かない導具です。以上、オリジナルな一般体操手具として珍しさ、やさしさが老若男女に喜ばれています。

③ 既成の用具類（生活用具、遊具、スポーツ用具、健康用具）

●本来の目的とは少し変えて活用する

既成用具の大きさ、重さ、硬さなどに配慮して無理しないで使用します。狙いとする動作の習得のために本来の用具使用の前に慣れる目的で活用しますが、手元にある用具を利用します。これは、基本の導入のときにできるだけ嫌いを避けることで興味や上達に影響を及ぼさないためです。例えば　遊具（紙風船、ビーチボール）やスポーツ用のボール類（体操、テニス、卓球）など、棒状のリレー用のバトン、帯状の新体操のリボン、縄などを使って導入しやすくします。

●その他（健康用具）

持ち運びがしやすく求めやすい青竹踏み（自然の竹を使用）は、踏む以外にまたぐ、飛び越す、バランスポーズ、リズミカルなステップなどの練習、スタミナづくり、柔軟体操などにも活用します。

以上のように４区分にして、目標、目的に合わせて、棒状、帯状、布状、球状など多様な用途を想定して導具を考案します。分かりやすい名称をつけて親しみやすいイメージにしています。

4 導具づくりの心得と特徴

「導具」を作るときは、動きの目的に合わせて取り組みやすく準備しています。

身近にある材料やあるものを使いますので、馴染みのある用語で親しみやすいことで興味をもち、まず手に取って触れて、これならできそうと動かしてみてもらえます。製作の心得として安全性(狭い室内でも使用可能)、経済性（安価で手づくり）、簡便性（親しみやすく、手軽である）、携行性（バッグに入れて持ち運べる）、親近感（身近にある材料で馴染みやすく実用的）を有していることを条件にしています。使いながら改良や改善を繰り返し行える身近な材料であることや、動きやすく楽しめる工夫や変更が自由にできる喜びにもつながっています。

動きの目的に合わせて考案した導具について、主な例を挙げてみます。

歩く動作を修正したくて「青竹踏み」の活用。歩くときにかかとが上がらない、足裏のアーチが見られない、追い越されるといった人は、疲れやすい状況が感じられすぐ休憩しました。そこで、台上に片足で上がり下りを繰り返す練習を続けた結果、自分から楽しむ様子が見られ、からだに良い変化を実感しています。

また、ボール運動での二人パスでは距離感や方向が定まらない、ボールを取りに行く疲れで効率が悪いため、「オリジナルお手玉」を考案しました。

ラケット系の運動では卓球、バドミントン、テニスなどの握り方練習用に考案した「ペーパー・スティック」（新聞の折込みチラシを硬く棒状にする）は、自分が使いやすいサイズで指、手、腕の使い方を覚えて力加減、緩める握るとき、強めるタイミングなどを練習。

オリジナル「ムーブメント風呂敷」「下げ手玉」は、力を緩めて無駄な力を使わないで導具の良さを利用して動くと疲れ方が少なく、また「のびーる輪」は、必要な力をつける補強に考案しました。生活動作で大きい物や重い物を持ち上げる、下ろす、押す、引っ張るときの筋力強化と使い方のトレーニングのためです。

スカート、靴下、スラックスをはくとき座って行う人が増えていたことを受け、片足立ちで立つ、衣服の着脱動作などの練習には「カットTシャツ」（捨てる前にTシャツを身ごろだけに切って輪にして使う）を考案しました。多様な動きをすることが少ない生活環境で楽しめる導具で、安全に無理のない動作から導き、できる喜びを実感してもらいたいという思いと、体育嫌い、体操嫌いを作らない使命感から創意工夫をしました。導具で動きを覚えることで積極的に繰り返し、自然にからだが覚えるように工夫しています。

5 「導具」使用と身体活動の活性化

動きを修正し、親しみやすくする導具活用の効果としては、個人では、＊恐怖心が感じられない　＊楽しくできる　＊積極的に取り組む　＊自分で考える　＊運動量が増す　＊多くの機能を使う、など思わぬ効果が見えたこと。続けていると、＊マンネリ化は興味が薄れ、飽きる状況も見られるが、導具の変化で気分も変わる　＊運動嫌いが動きに興味を持ち、意識が変化する　＊仲間とつながる　＊創造性や意欲が高まるなど、予想以上の効果がみられました。

普通の生活のなかで、実用的に動くための動作は、生活とスポーツを分けるのではなく、共通の動作です。身についた多用途な動きのできる機能づくりになることを理解し効率的な動きが可能になるものです。基礎づくりの動きを生活のなかで培うことでスポーツ運動にも安全に入りやすく、楽しめます。いつでも、どこでも、だれでも動けるようにするには、日常動作とスポーツの場を区別するのではなく、両方で使える導具が役立つのです。日常生活の動作が質・量的に減少していることからも安全に効率よくする工夫の一つです。

6 一般体操での手具体操の内容の変化

これまでの一般体操での手具体操内容は新体操競技で行われている手具のボール、輪、リボンが多く、最近は、各グループのオリジナルな手具で発表することが増えてきました。競技しないすべての体操であることから、一般体操では基礎づくりへの貢献から応用発展へとつなげる用具の進化が考えられます。

私は1980年頃から「導具」使用の一般体操を提唱しはじめ、日本体育学会、日本体操学会、幼少時教育学会などで実践的発表も行って、さらに海外招聘での健康運動講座（パラオ共和国、モンゴル国、タイ王国のバンコクの行事）でもレクチャー、発表もした結果、知見を得られたことで一層励まされ現在に至っています。

老若男女の仲間とともに国内外の公的開催の大会でも発表するようになりました。

「導具©」は国内外で発表してきましたが、日本体操祭、世界体操祭（ワールドジムナストラーダ）、環太平洋体操祭（現在はアジア体操祭）などでの体験から、異文化と一般体操の必要性を痛感しています。そのために、生きる力を育む一般体操が多様化に貢献できる体操手具の活用を奨励しています。

⑦ 生活動作やスポーツの基礎づくりと「導具」

日常生活では小さい物は指先の機能、挟む、突き刺す、つまむ、合わせる、押す、寄せ集めるなど、多くの使われ方をしていますが、近ごろの便利な生活では使われない機能が多くなっています。このような状態でスポーツの基本動作もうまくできる人が少なくなってきた現場の様子からも導具利用の効果を強調するようになりました。

プロの指導者や、選手の上手な動作を見ると簡単にできそうに思って自分も動いてみて気づくのです。このくらいはできると思う人、何も経験していない人、知識はあるが動けない人、数回はできても繰り返すスタミナがない人など様々な社会体育現場です。日常生活で当たり前の行動を見直す意識が必要になっています。このような便利な生活が生活習慣病の原因となっていないでしょうか。メタボリックシンドローム、サルコペニア、ロコモテイブブシンドローム、フレイルなどの予備軍が増え、国の医療費の増大に協力してはいないでしょうか。これらはまさに生活動作の習慣が原因です。生活での身体活動不足や運動不足は、自分から改善する行動が必要です。

手を使う細かい部分動作は、物と関わることを怠らないことや立って移動をする全身運動を含め、トータルフィットネスを心がけて実効をめざすときにも、身近な動作に役立つ基礎的な動きづくりにも、導具としての活用が可能です。持続可能な新しい考えを取り入れる自分なりの工夫が役立つでしょう。短所としては、物と関わる動きは、楽しめる反面、運動強度が少し高くなることです。普段あまり使われない動作では滑らかに動けないため疲れも早く、考えながら動くために頭が疲れる、力が抜けないなどの緊張状態が見られます。神経・筋肉が慣れるまでの繰り返し時間や根気が必要です。

8 導具づくりの留意点と条件

みんなで一緒に動きを楽しむとき、導具づくりの留意点としてできるだけ以下の条件を満たせるようにします。

＊“もったいない”精神で、買わないでもあるもので創意工夫する
＊バッグに入れて持ち運べる小型で軽量の手具であること
＊安全で、手触りが良く、衛生的であること
＊親しみやすい身近な材料や用品を活用する
＊繰り返してからだを動かすことを考慮して材質などを選ぶ
＊主に屋内で使用する物と屋外で使用する物を分け、各自の持ち物として管理できるように配慮する

これまでに考案した手づくり導具類の主な例を紹介しておきましたので参考にしてください。

写真　手づくり導具類

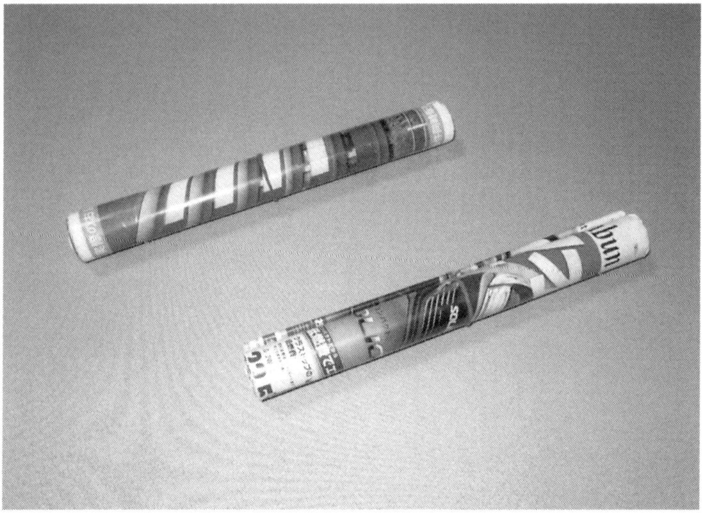

ペーパースティック

オリジナル導具

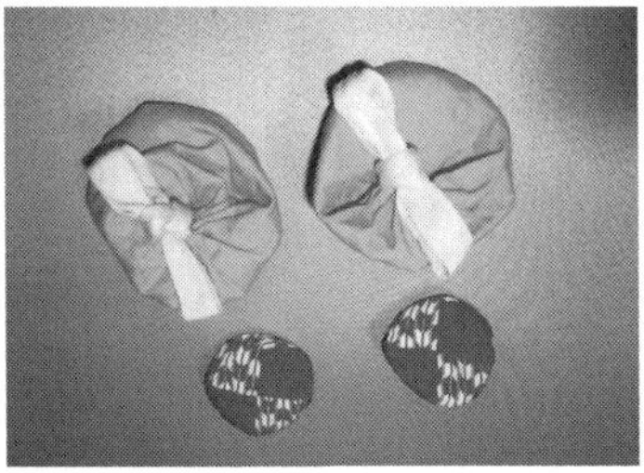

オリジナルお手玉 と標準サイズ

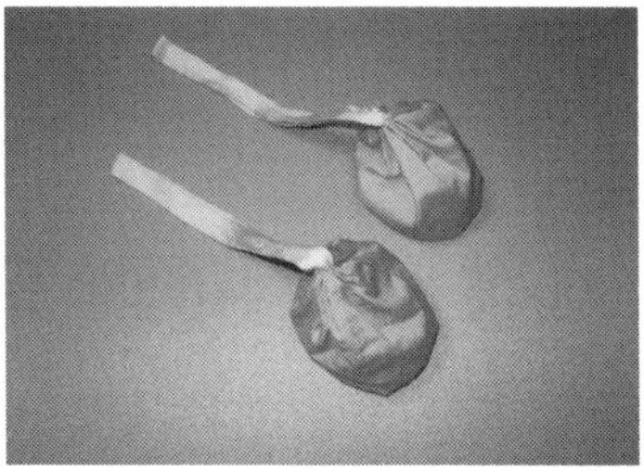

下げ手玉

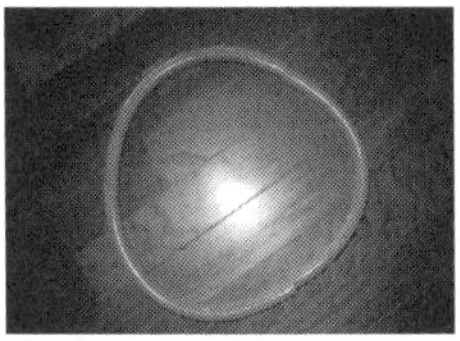

のびーる輪
（出来上がり）

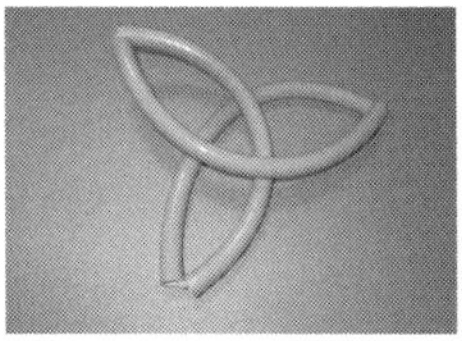

折りたたみ方

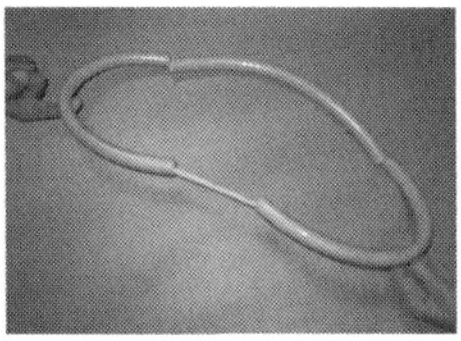

伸ばしたとき

ムーブメントふろしき（引き出物用利用）

9 目的に合わせて考案

基礎づくりの動き方いろいろ、人、物、場との関わり方が理解しやすく、対人との関わり方、棒状、帯状、球状、布状の物との関わり方について補助用に創意工夫をした「導具」類です。継続していくうちにイベントや大会のオリジナル手具の体操作品にするようになりました。主体的な仲間達とつながる機会が増え、継続する生涯学習の軸になって楽しむ一般体操の導具活用の手具体操で発表しています。また、生活密着型の隙間体操気分で動きのリノベーション（修正）を心がけて動く日常生活の変化になっているほか、生活動作の疲れが少なく、動きにゆとりも感じるようになっています。オリジナル導具で動く隙間体操が当たり前で疲れを軽減しています。

●参考資料

手づくりした「導具」の中から簡単なつくり方、動き方などを掲載しておきます。

参考にして自分の導具をつくって、動きを楽しんでみてください。

エコ導具…①カットＴシャツ　材料：使わない大きいＴシャツ、
裾から50㎝を切っただけです。
動作：ア）衣服を脱ぐ、着る動作でしなやかに動く、イ）踏ん張る、踏みしめるなど、輪は鎖つなぎで結びます。全身での抵抗運動（写真参考）

1
両手で
お手玉
右手投げ
↓
左手キャッチ
↓
右手へパス
片手で
お手玉
左右交互に
片手で投げて
キャッチ
ポイント
はずみながら
リズミカルに
行い
ましょう
2
全身のはずみを利用して
お手玉を下から振り上げる
お手玉を
手のひらに
のせる
全身を
十分伸ばし
お手玉を
高く上げる
お手玉を高い位置でつかむ
ように振り下ろし
自然に
後方へ流す
3
右手投げ上げ
真上に
投げ上げた
姿勢
キャッチの
姿勢

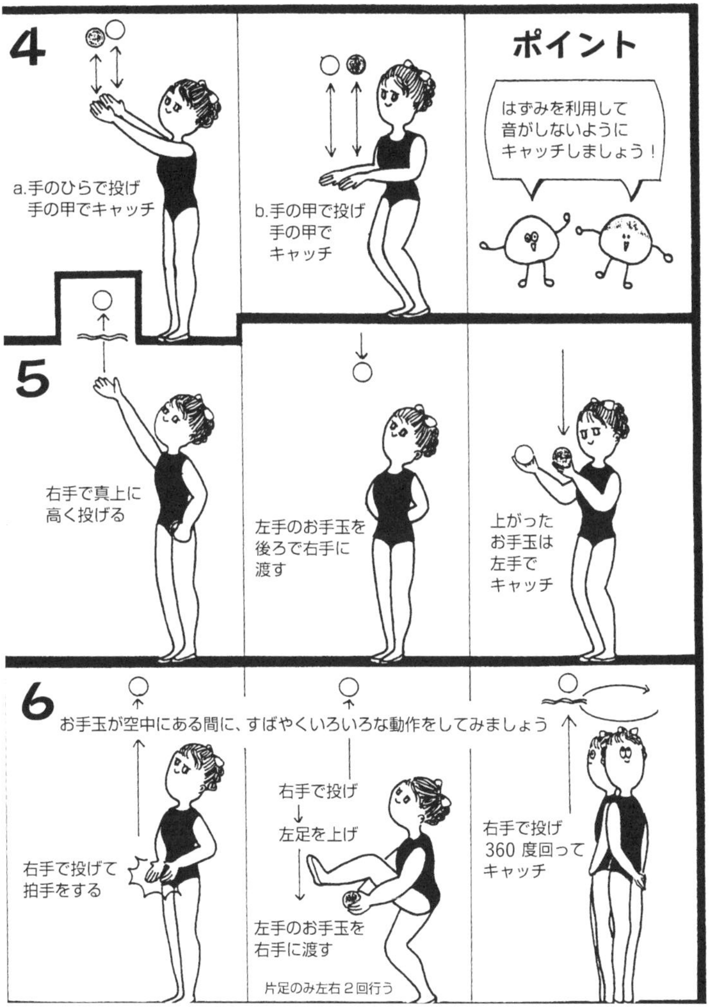
4
a.手のひらで投げ
手の甲でキャッチ
b.手の甲で投げ
手の甲で
キャッチ
ポイント
はずみを利用して
音がしないように
キャッチしましょう！
5
右手で真上に
高く投げる
左手のお手玉を
後ろで右手に
渡す
上がった
お手玉は
左手で
キャッチ
6
お手玉が空中にある間に、すばやくいろいろな動作をしてみましょう
右手で投げて
拍手をする
右手で投げ
左足を上げ
左手のお手玉を
右手に渡す
片足のみ左右２回行う
右手で投げ
360 度回って
キャッチ

オリジナル導具…②お手玉　③下げ手玉は２つが同時にも使える
ようにつくります。

材料：木綿で手縫いのしやすい布 31cm× 18cm を２個分、手さげ用のテープ 2.5cm× 64cm ２個分、中に入れる重りペレット（手芸店で購入）１個 90g ２個分を購入。

動作：②お手玉のときは、手さげを根元で結んで使用します。　ア）お手玉を真上に投げ上げて、受ける、つかむ、イ）二人でパスをする前、横、後ろへ。

1
軽く
ひじを曲げる
腕の外から内側へハの字まわし
2
腕をふりながらはずみ歩き
5
右手でまわし
左手でキャッチ
6
左足をふみ出す
右足を後ろに出す
右手に2本持ち前後に振る
重心は右足に移る
はずみを利用し大きく振りまわす
9
上下のはずみを利用して両腕を前後に振る
前まわしも同様に行う
12
平行にまわす　方向転換する時は流して反対方向にまわす
13
片手ずつずらして肩から大

3
ひざを高く上げながらはずみ歩き
4
頭上で大きくまわす　床に平行に円を描く
7
体重を左右に移動させながら振る
8
前まわしと後ろまわしを同時に腕を振りまわす
右手後ろまわし
左手前まわし
1回毎にまわし方を変える
10
はずみを利用して内まわし・外まわし
11
肩から大きく後ろまわし　つづいて　ひじを曲げて後ろまわし
きく内まわし・外まわし
ひじを曲げ片手ずつずらして
交互に内まわし・外まわし

③下げ手玉にして使うときは手さげにして、人さし指と中指の2本をカギ状にして下げて動かします。　ア）その場足踏み（腕伸ばしでお手玉の重りを利用して動きます　イ）両手に下げて前後、左右に、ウ）回すときは、手首やひじ関節を使って重さを利用して動かす。

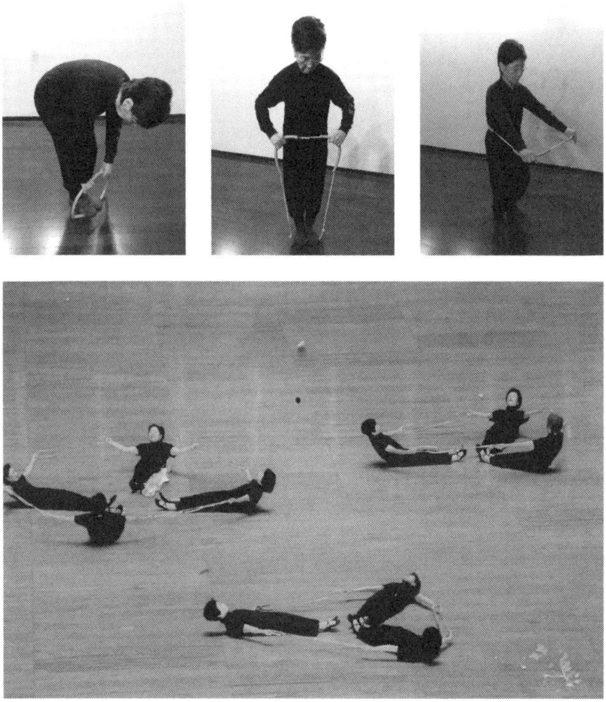

④のびーる輪（転がらない輪）材料：水道用のホース35㎝×３本、衣類用丸ゴム３～４本（力加減によって調節）をホースに通して輪を作る。隙間なしに輪をつくり、結んだ端をテープで平らに止める。動作：ア）腕、脚、胴体の全身の筋力補強。３か所のホースが体に触れてソフトな曲げ伸ばしが可能。

⑤ムーブメント風呂敷、材料：普通版風呂敷（70㎝× 70㎝）旗の動きになる。

重り50gを入れた三角袋を作る（15㎝正方形を折る）、風呂敷の1角にだけ縫い付ける。動作：親指、人さし指、中指の3本で重りの横の角をつまみ、反対の手の指で重りをつまむ。　ア）両手で2か所をつまみ、たるまないように深呼吸しながら姿勢を変える。斜めに上げる、腰の横に、ゆっくり風を感じながら移動する。サッサと歩く、小走りで移動する。スピードによりなびき方が異なることを感じる。　イ）片手で手首や肘、肩関節を滑らかに振り回す。からだの動きを末端の風呂敷に伝えるようにゆっくりと動かす。

9 踏み竹体操

ふみ竹かんたんストレッチング

実践女子大学　健康・スポーツ科学研究室　春山文子

1 アキレス腱伸ばし

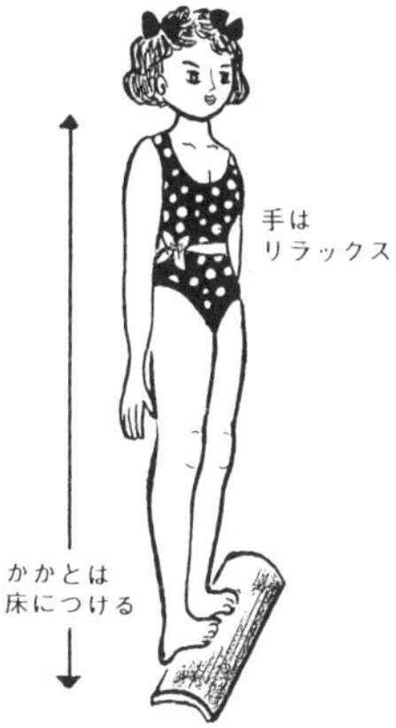

2 立位体前屈

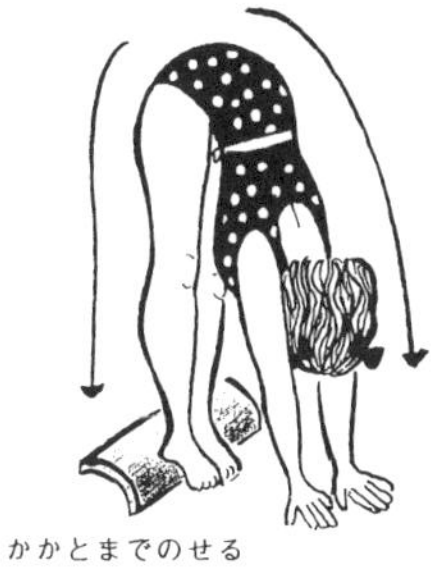

3 長座体前屈(閉脚)

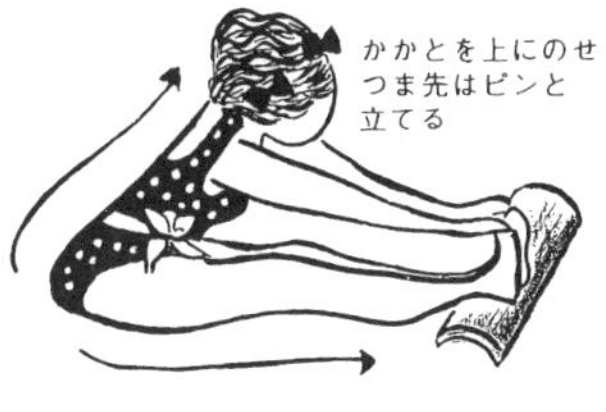

4 長座体前屈(開脚)

5 肩伸ばし

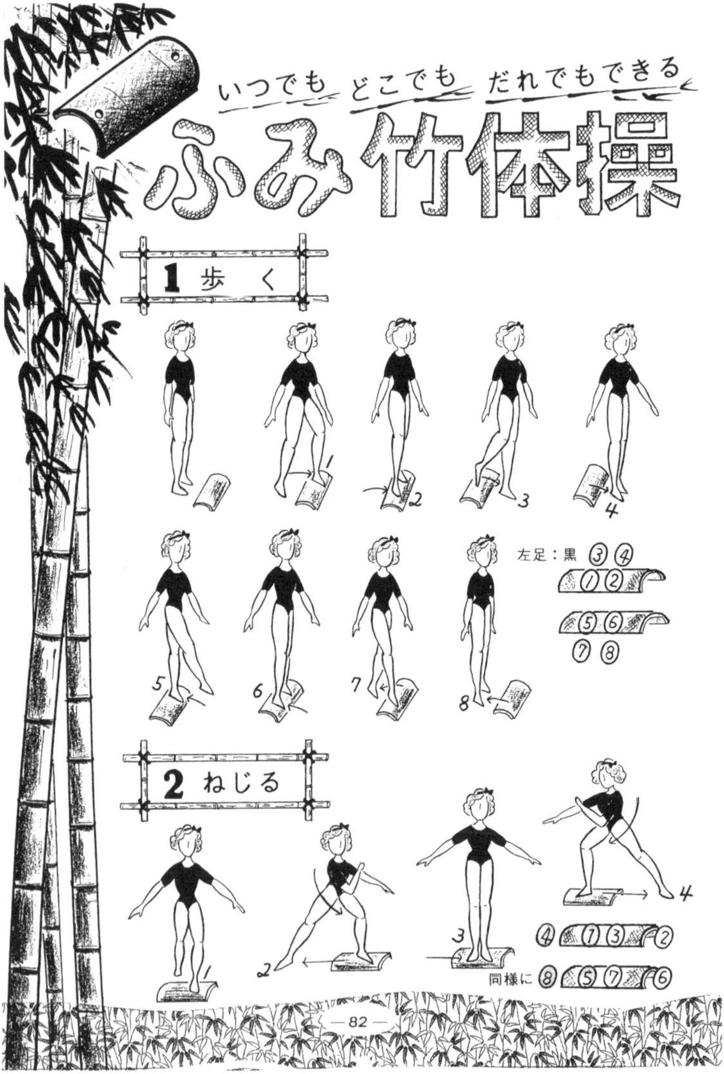
いつでも どこでも だれでもできる
ふみ竹体操
1 歩く
左足：黒
2 ねじる
同様に
— 82 —

3 そる

4 ポイントステップ

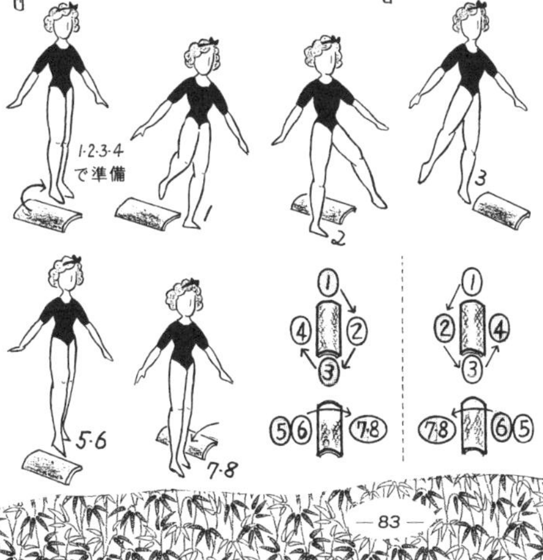

その他の導具…⑥青竹踏み（自然の竹）土踏まずの刺激とスタミナづくり。

材料：直径７～９㎝の竹製40㎝程度（市販のものでよい）
動作：ア）足裏のアーチが弱いと痛くてすぐ休むので上がり下りの動作から慣れる。イ）使い方の工夫でリズム体操にもなります。ウ）ストレッチの使い方でからだをほぐす。

第5章

新しいことに
チャレンジ

1 アパートの一室で始まった健康体操講座

まず行動開始の手始めでは、何からしようか迷いもあります。あれこれと自分の趣味を思い浮かべて、生活環境条件を考え、無理なく現在の生活を維持しながら続けられることは何かを考えています。なんといっても、今、気になるのは健康体力を意識していることです。市報、区報、広告、チラシ、口コミの情報から選んで参加を決めています。

この章では、日常生活の改善を考えて、動き始めた行動状況から漸進的な進め方について実際例の過程を説明しています。

自分の生涯が気になり始め、日常行動改革の取り組みを考え始めたのは、年齢40歳代～50歳代の主婦たちでした。

このグループは、自治体主催の「健康体操講座」の1～2か月の短期講座で、参加者の受講に真面目に取り組む姿が印象的でした。講座の後、数人から継続を希望していることが告げられ、少数の自主グループの教室を継続することになりました。和気あいあいの楽しい教室で週に1回動くことが決まり、アパートの一室を練習場にして始めたのです。

② グループの顔ぶれに相応しい講座

グループの顔ぶれで驚いたのは、みなさん戦前・戦中生まれで、体操の経験がなかった人が多いことでした。

学生時代、体育の授業が嫌いで、休む理由ばかり考えていた。体操ができないのが恥ずかしくて、人前では隠したかった。もともと体力がないし、動くことは好きではなかった……。こうした理由で体操とは縁がないまま、結婚、子育てと家族のための生活をしてきて、ようやく今、自分の今後を考え始めたときに、「体操」に目を向けるようになったのだそうです。

体調を崩しかけ、運動をするようにと医師に言われた人もいれば、他人に迷惑をかけるチームスポーツは自信がないけれど、体操なら運動不足解消の手始めにちょうどいいと仲間に加わった人もいます。きっかけや目的はいろいろですが、「体操からでも」と集まった自主グループは私にとってもはじめてで、大切に支援させていただきたい気持ちで前向きに取り組んできました。

3 自分の目的・目標を考える

はじめて一般体操をされる専業主婦の方々には、これからは、生涯一人で動けて、家族や子どもたちに迷惑をかけない、「可愛いおばあちゃん」を目指して、焦らず、欲張らず、無理なく続けられるように動いて気づきましょうという、不安と緊張を和らげる挨拶から始めました。生活に役立つ実用性の動作内容からゆとりの行動に必要な身近な動作に広げます。基礎づくりは、生活密着型の簡単な動き方から、自分を知ること、気づくこと。過剰と不足の偏りはないか、からだの固い部分はないか、疲れて途中で休みたくないかなど、自分の今の状態を知ることから始めて、自分の具体的な課題を決めることです。

参加者の大部分は、健康づくりの方法を知りたい、体力を高めたいなど目的が具体的ではありません。大きいテーマの要望です。そこで、健康づくりや体力づくりの知識も提供しながら具体的に進めていきます。例えば、日常の歩行で追い越されることが多くなった、すぐお茶をしたくなるとか洋服がきつくなったなど具体的な課題があると、そこから取り組めば本人も理解しやすいと思います。具体的な動きの練習で変化を楽しみながら意識の変化にもつながります。さらに、動きが楽になるといろいろな行動をしたくなり、ショッピングや仲間の誘いに参加する、一泊旅行もする、などの行動が増えるようになりますし、元気度もアップしている実感が伴ってきます。例えば、日常生活の隙間で足踏み動作を少し大きく膝をタッチするようにして３分間続けると決めて行いますと、初めは３分間が長く感じます。足が疲れ、呼吸も苦しくなり、時間ばかりが気になりますが、目標があると休みながらも達成します。繰り返し実行しているうちにからだの変化に気づき、時間延長や動作の工夫もしてみたいというような体力のゆとりも実感でき、運動が楽しみになり、やめたくない心境が芽生えます。

　具体性のない運動は、何をするかを考えることに疲れて同じ動作を繰り返すだけで、疲れるとやめる、今日はこれでいいやと理由をつけてやめますが、具体的な運動は、からだが覚えているうちに動いて効果が身につき、自覚できるのです。動くことや運動が好きな人は、漠然と身体活動や運動をしながら自分を管理しますが、動くことが好きでない、じっとして過ごすことを好むタイプの人には具体的な内容や頻度は効果的です。何をどのくらい動いたときに疲れるのか、同じことでも日により異なりますから、調子を確認することもできます。習慣化して当たり前の行動に定着してくるまでは特に必要でしょう。身体の機能変化は時間がかかりますが、良くも悪くも確実に変化していきます。良い例として姿勢を意識して体操を続けて身長が伸び、イキイキしてくることです。体調も良くなり、健康診断の数値も良くなって、主治医の先生に「何をされたのですか」と聞かれたという方もいます。何かの目標を達成したときのうれしさは、健康づくりの良薬です。自分で処方箋を考えて実行し、しかも無料です。自分を知り自分に無理のない方法で続ける、生活の中での実践躬行を提唱します。生活動作が徐々に体形をつくり、姿勢もつくります。知識は困ったときや迷ったときに役立ちます。動かないと機能は萎縮し、適度に動かすと維持され、使いすぎると故障します。小さな目標を積み重ねて健康づくり、体力づくりをして生活を楽しみましょう。

④ 目標達成の過程

このグループでは、50年以上になる現在も一緒に楽しめる仲間として一般体操が生活習慣になっています。グループ名をH.G.G.《ハーゲーゲー》（HARUYAMA GYMNASTIK GRUPPE）と称しています。長期間継続では、少数の出入りは当然のこと、それらの理由では、家族の都合が主体で、移住、介護、子どもの成長に伴う変化など紆余曲折を経験しながらも協力しあう、相互扶助の仲間です。主体的な仲間の会では、メンバーの総意で会員数、練習頻度、場所、指導者の準備なども共通の話し合いから始め、私も体操仲間として協力を引き受けています。1年、3年、5年と経過するたびに新しい体験のチャンスを計画して、自分を知る機会をつくり環境を変えることにチャレンジしています。すると家族や知人などの応援者の協力もあり、大きな大会にもチャレンジする計画や漸進への意欲がさらに出てきます。

日本の一番大きな大会への出場を毎年１回続けていると、次なる意欲が芽生え、ついに世界の檜舞台を目指すことにも意見が一致して、10年経過を記念してワールドジムナエストラーダ（世界体操祭、オリンピックのように４年に１回の世界大会）を目指すようになったのです。体験知識はゆとり、安定感、自信を感じるまでになり、「為せば成る」「継続は力なり」を実証することができました。計画準備は、ゆっくり焦らず、現状を楽しみながら続けること。そして最後まで一人で動ける「イキイキ老人」になること。「今日を楽しく！」が合言葉になりました。

5 主婦の一大行事の準備過程

日常生活の生活行動の意識を変えるためには、計画する必要内容を意識して行動を変える、自分の自由時間をつくる、家族や周りに迷惑をかけない配慮と協力が得られるような振る舞いをすることがポイントです。

今の体力を知り、無理はしない動作を自覚し、新しい体験に取り組む、意欲を失わない生活調整の自己管理と責任をもって行動することです。

＊はじめて取り組む行事内容について理解しておく
社会的活動のメリット（情報交換、コミュニケーション、地域貢献など）、グループ活動内容（全員が協力できる）、狙いの理解、他人を尊重する（聞く、妨げない、できることの協力）、生活体力プラスゆとりの体力づくりの習慣化。

＊目的達成に近づくために必要な内容
目的、目標に向けての理解、グループ意識を高めるユニフォーム、用具の準備。
当日を想定してのリハーサル（安心感で緊張を和らげる準備行動）。
進行過程での心身の自己管理。

＊行事当日の行動の再確認

日時、集合場所、持ち物の確認（保険証、貴重品、常備薬、その他）、会場の名称、イベント名、留守宅に必要内容のメモを残す、当日の連絡方法、緊急時の連絡方法（グループ仲間）。

＊行事終了後の予定

行事終了後の反省会兼お楽しみ会の心得、各自、グループ、他の参加チームの様子などの情報交換会、自己評価と今後の自覚、家族の意見も聞き生活習慣に反映する、日常の練習に反映できる今後の狙い。

以上のような細やかな意思の疎通を行い、目標を達成する意気込みや情熱を維持し、行事終了後のメンバーの行動の変化を感じ取ります。忙しさを感じながらもイキイキした生活姿勢と行動から、社会と関わることの目標を持つことの重要性を感じます。独りではできない目的達成のための行動が具体化することで伝わってきます。

不安を抱きながら受講したはじめての「健康体操講座」から、考えもしていなかった、スポーツでの社会的参加、その後、集会や企業の行事と各方面からの依頼を受けての発表経験が弾みになって、日本体操祭に自主的に申し込むまでになりました。年１回自分たちの日頃の練習効果を確認する意味は大きく、積み重ねて10年目に世界体操祭を目指し、５年間の準備期間を経て達成した感動は人生の宝となっています。まさに、“初心を忘れない”が生きています。

世界大会の準備では家族ぐるみの協力がなければ主婦が自分のことで留守にすることはなかなか難しい世代のグループメンバーです。５年間の準備期間の経過は次のような過ごし方をしました。

夫と家族に理解を得ることから始め、最も気遣いが必要。体操を悪者にしてはならない生活態度、行動への配慮を日常生活で実行。１日留守、１泊２日、２泊３日の練習会や合宿で慣れてもらった。夫が自分のことは自分で行う習慣づくり。大会参加、旅行費用のための積み立て貯金、５年間で100万は、留守中約10～14日間の準備費用（1982年～1987年）と、大会期間約１週間とその後のはじめての海外旅行も含めての費用。

⑥ 世界大会出場とその後の旅行準備

留守中の生活に必要なメモをまとめて置いていく。

食事に困らないよう配慮（食べやすく料理して冷凍庫へ）、衣類の用意、貴重品は銀行に預けるなど個々に工夫、旅行準備……パスポートの取得（はじめての海外）、スーツケース、大会ユニフォーム、常備薬、その他会食、見学に失礼のない服装などはじめての外国訪問のための心配り。

出発前に世界大会での発表状況と現地行動などのガイド講座を開催したほか、日本での発表経験は世界大会への準備に大きな力となっていました。準備に時間をかけ、実感を伴う判断、ゆとりができていたこと、安全に無事な行動が可能であったことなどはじめての海外旅行の主婦たちの心構えと準備行動でした。

同一メンバーの縦断的経過を知ることができたことは、仲間のつながり、実効感の残る取り組み、あきらめない仲間の雰囲気づくり、実行のタイミングを活かせたことだと思われます。

以上のような準備経過を経て目標達成してきましたが、体験した多様な行動は、その後の生活行動の広がりや考え方の意識改革となって、家族、友人、地域活動、社会的活動場面における周囲への心配り、集団のマナーなどに良い影響を及ぼしています。

チャンスは、自分で掴むために主体的に動くことから始まります。「生涯動けるからだ」を維持しておくことが幸いであるといえるでしょう。

以下、参加者の思い出（1987年第8回～ 10回大会）として、続けて３大会出場の感激的な体験から抜粋しました。

はじめて乗った飛行機、コペンハーゲンの空港からハーニンの宿泊へ、小学校の教室の黒板にチョークで「歓迎」の漢字と絵の板書での温かい心遣いが嬉しくなりました。教室のフロアで、一人用の厚さ５センチほどのスポンジマット、小幅の毛布、水量制限のシャワー、朝食はパン、牛乳、チーズなどの中身がビニールの袋に一人ずつセットされていました。珍しいチーズが嬉しく、残ったチーズをおみやげにした人もいて、素朴な宿泊の体験は戦前生まれの主婦には楽しさでいっぱいでした。開会式・閉会式の会場は競技用施設で行い、一斉退場はバスが不足で、街灯のない暗い道を2時間歩いたこと、各演技発表会場（10ホール）を行き来するときも歩いて移動、他国の人と挨拶を交わし一緒に写真を撮り、昼食は大食堂で好みの料理の列で順番待ち、食事時間内は大食堂で交流会場のような雰囲気になり、ジェスチャー交じりのお国柄の盛り上がりや合唱ありできょろきょろしていました。我々の演技内容は日本の生活動作（立ち居振る舞い）、童の遊び（お手玉）、祭りのリズム（阿波踊り）でしたが、東洋の動きが珍しいのか日本の夕べでは３回のリクエストをいただき、おまけに出演料もいただきびっくりの連続で大切に持ち帰りました。大会後の癒しの旅行はグループでリクエストして、史跡や芸術品を鑑賞、映画『サウンド・オブ・ミュージック』の舞台となった美しい自然の景色、オーストリアルート、スイス・ユングフラウの山並み、レマン湖のまつり、ドイツ、オランダ、スペイン、イタリアの遺跡、美術館、博物館の絵画鑑賞と、北から南へヨーロッパを観光し、大会後も思い出をもって全員無事に帰国できたことは、日頃の健康づくりの成果を実感しているようでした。この楽しい体験は、超高齢になった今も生涯の思い出話として盛り上がるグループ（H.G.G.《ハーゲーゲー》）です。

第6章

一般体操を顧みる

自らの体験から、今、ここで、一般体操について振り返ってみることで、今後一般体操を実践する人に何らかの役に立つことを考えて記してみました。

① 生まれて死ぬまで動く生き物
―最適期の動きは効率が良い―

人間は、生涯、動く生き物（動物）として最期を迎えたい。生まれて死ぬまで生きるための活動（生活）をしていくためには動き続けなくてはなりません。他の動物のように生まれてすぐ立ち上がれない未成熟状態で生まれ、約１年間かけて順序だった学習をして一人で歩くようになります。横になった状態から寝返り、お座り、つかまり立ち、つたい歩きの後に一人歩きができるようになります。その間からだを動かし、繰り返す努力で筋力や機能を高めています。

人間の特質としての、二足歩行、手を使う、考えることを、おもちゃ遊び、遊園地での遊具遊び、仲間遊びなど、多面的に心身の機能を発育発達させながら生きる基本動作を身につくまで繰り返した後、幼保期から学校生活の新たな基礎教育活動へ、その後自由選択の学究で応用発展させて社会生活へと向かいます。生涯健康に生活できる土台づくりを自覚し、各自が自由に設計に入り、社会での生産活動に携わり定年を迎えます。そして、人生の余暇を楽しむシルバー期を迎え、自由に動けるからだを維持することを支援する一般体操を、ここでは生涯学習のテーマとしています。それぞれの時期の達成内容は最適期と感じられる内容で、自然的な欲求によるものが多く、発育発達に相応しい内容であり身につく内容であること、機が熟するときが最も効率が良いのです。

② 地球上に生きる人間の基本動作は共通で国境はない

一般体操では、地球上のすべての人間は、いつでも、どこでも、だれもが、共通する生きる力を育み、保持していることが大切であると考えています。なぜなら人間のいない社会は成り立たないと思うからです。気候、風土による自然条件、住民の気質や文化による影響はみられるものの、身体活動が基礎となり、異文化の人間も共有できるスポーツの祭典に出場して情報を交換し、考え方が新たになり世界は一つの意識になるのです。

楽しく動く健康づくりでは、軽い動きでリズミカルな内容、ゆっくり移動する内容、筋機能のトレーニングの内容、若いエネルギーを流行りの曲に乗って楽しむ内容、生活用具を用いた動作の内容、美と芸術を見せる内容、また、青空の下で世界の仲間たちみんなが一緒に動く内容、など各グループ思い思いに15分以内で演技披露しています。

地球人の健康づくり状況を知ることも楽しみの一つ、日々の生活の中で継続してこそ達成できます。世界をつなぐ親善使節団の意識で交流することは、お互いを知る情報交換の場をつくり貢献する行動です。言葉は通じなくても心は通じるのです。

③ つながり相互扶助、サステナブルな一般体操

日常生活においても家族、地域社会、国内での集いの機会は、過去、現在、未来においても重要なことです。“つながる”ことの安心感を一般体操で提供できるように工夫して意識改革から取り組みました。普通の生活の中で動くことを取り込むはじめての試みが健康体操で、運動不足の解消はスポーツをすることだと思っている人のイメージとは異なります。では、どのような内容でイメージチェンジを行うかを考えればよいの

でしょうか。一般体操のはじめでは、親しみのある生活の実用動作から取り入れて、理解しやすくしていきます。

例えば、立つこと、歩くことが満足にできない人にスポーツが必要と言えば、嫌い、やりたくないと思われ、余計に動くことを嫌いにしてしまいます。普通の生活ができるように国民の健康づくりを奨励しているつもりでも、普通の生活者もいろいろであることを理解しておくことが必要です。一般体操は、健康づくりを狙いとして行われる体操であるとしています、社会体育の健康講座では世代間の考えも異なる体操感が多くの課題を提供しています。知識を伝えることや、動きの基礎づくりに入るまでの導入には時間がかかります。

体操と言えば競技スポーツの体操を考える方が多く、“できない、嫌いな科目”という感想の人が多いようです。高齢者はいきなりスポーツをすると他人に迷惑がかかると心配される方も多いため、からだ慣らしから始めることで参加してきます。また、一般体操の理解のないまま昔の「体操の時間」を思い出してラジオ体操程度ならと参加する方もいます。世代間の違いがある現場の状況では、運動不足を解消させることの計画が逆効果にならない配慮が必要です。楽しくない、狙いと異なっているなどの印象につながることも懸念されます。体操を身近に感じていただくために、例えば、日常生活とつなげて自分の一番美しい姿勢で立ちましょう。美しいと思う歩き方で歩きましょう。心がウキウキするようにはずみながら歩きましょう。このように条件をつけて歩いてもらうと、照れた様子でできないと言いながらも全員が分かる動きですから、止まって見ている人はいませんでした。

アドバイス後は、できた、分かった、私でもできそう、などの反応がありました。はじめての体操経験によって、自分にはできない、動けない、疲れるなどのこれまでの体操のイメージが、ネガティブ（消極的）からポジティブ（積極的）に変わったことにホッとしました。

このほか、気分転換になる、新しいことを知る、だれでも理解しやすい、緊張がほぐれ気分がさわやかになるなどの感想がありました。はじめての人と言葉を交わす場面もあり、明るい声での会話でほっとした雰囲気も見受けられます。

人生100年時代という言葉が話題にのぼるようになっていますが、100歳まで生きるなんて自分には考えられないと、冷ややかに受け止めている方もいるでしょう。それは、健康体力に自信のない状態であるからで、元気なときは考え方も前向きになるものです。自分のからだは自分で作ることでしか得られません。動いて学び、知識を確認し今の体力に気づきながら自由時間に継続しやすい身体活動や運動を実行するには便利で効果的な一般体操分野であるといえるでしょう。生活のバランスを考慮しながら、ちょっとの隙間時間に一人でも動けるほか、地域の体操教室や少数の仲間とともに動くことは継続要因にもなりますし、目標に近づけやすいと喜ばれます。

④ 一般体操で縦断的に実践した経過観察

●グローバルに基礎的なからだづくりから応用発展まで多面的に共有してダイバーシティを可能にする

●世界とつながる機会は、異文化交流や親善使節の意識をもって触れ合う心の交流の機会を可能にする

●環境に適応し発育発達に相応しいからだづくりの最適期がある

●社会とつながり、相互扶助で安心感、ゆとり感を持つ、グループ活動の利点がある

●一般人が主体的に継続しやすい、サステナブル（持続可能）な実証活動である

●SDGs（持続可能な開発目標）の４領域（①すべての人に健康と福祉、②質の高い教育をみんなに、③つくる責任、使う責任、④パートナーシップで目標を達成しよう）で小さな協力をしている自覚がある

●一般体操はSDGsの先取りをして、自分たちができることから始め、みんなで一緒に小さな社会貢献に

協力しているとの自負を有している

- 生涯学習途中での迷いは先人たちの名言が迷いを払拭してくれる
（＊温故知新、＊実践躬行《じっせんきゅうこう》、＊知行合一《ちこうごういつ》、＊不易流行、＊継続は力なりなど）
- 実践的身体活動では、長期縦断的継続、横断的継続のグループともに全員が異なるバックグラウンドの仲間たちが、３自（自立、自己管理、自己責任）を意識して参加し、他者を尊重することをスローガンとした

以上のような内容が挙げられます。仲間であり、専門の立場であり、1965年以降から継続してきた一般体操における使命感、継続意識、健康維持になっていたといえます。実践的研究課題を追求する場は、私たちの前進するエネルギーとなっています。

第7章

高齢期の一般体操の現場から

1 高齢受講生への配慮

コロナ禍で高齢者の健康講座の受講生の状況も変化してきました、健康志向の考え方の変化が行動に表れた結果として受け止めています。また、自治体の健康講座の受講生の平均年齢が後期高齢者中心になり、男性の参加者が増えてきました。高齢者の講座の対象者は60代からで、一人で受講可能な健康な人が対象です。80代から90代の参加者が多くなり60歳～ 90歳の幅広い高齢者で、バックグラウンドの異なる対象者に対して、何をどのように進めるか考える時間も多く費やしています。座学のみの講座ではない、実動を伴う現場であるため、安全第一に配慮して、動ける内容、強度、方法などの工夫が重要になります。高齢者向きの実用性の動作を分かりやすく、楽しみながら、実効性を意識すると基本的な内容の理解と方法になりやすいのですが、はじめて体験する動作が興味を引く雰囲気が楽しいようです。立ち姿勢で動くことが少ない生活がうかがえる受講者です。

② 実動前に各自の心構えを確認することから

若い頃はできた動作なので、できるつもりで動いて故障しないような配慮をします。過去の経験の度合いは、指導者からでは分からないものです。今の自分のからだの状態を確認して、動き始めるように心構えを整えて開始します。

自分の目標を具体的に、何をしたいための健康体力かを考えて参加したのか、動く前に確かめてみましょう。①日常生活活動の体力、日常の身体活動が不足している場合は一気に動かすことは危険です。分かっていても動けない、今のからだの状態を知るために動いて知ること、②生活にゆとりをもって楽しむ体力（レクリエーションや同窓会などに参加など）、③目標の活動に必要な体力（発表会、大会に出場など活動の目標）、日常生活より強めの体力を目指しているのだろうか、といったおおよそを自覚して臨み具体化します。

③ 運動中の心得は動きに影響

「構え」とは、心の構えとからだの準備を整えてすぐ動けるように立つことを言います。用意の姿勢です。無駄な緊張をしないことは動作の疲れ方に影響します。また、動きと呼吸の関係も出来ばえが異なります、息を止めて動き、止まってから吐いている人が多いことです。呼吸は意識的に変えることができます。ゆっくり、一気に、強く、細く、長く、止めるなど動作との調整をうまくできるように動いてみてください。

身体の知識、動作機能の知識は困ったときに助けられ、安全な動き方はからだの機能づくりにおいても心得ておくと無駄なエネルギーを使わずに済みます。

④ 運動後の状態を確認しておく

動いた後の身体状態について、心地よい状態になったか、疲れすぎていないか、疲れている部位はどこかなど、動いた後の確認をしておくと、次に行うときの準備になります。同様な方法で動いていてもからだの状態はその日、その場の状態により異なりますので、いまの状態を自覚して動き、後では心身の変化をチェックしておきます。気づいたことを修正や手当てしておくと回復も早く、次へつながり楽しみになります。簡単なメモで◎（満足)、○（良い)、△（まあ良い）程度の印をつけておくことも後で参考資料になるでしょう。

安全で効果的な健康づくりのために、無理しない、無駄にしない、無意識で行わない配慮で行いましょう。気分もさわやか、からだがスッキリ、身長も伸びたような感じで終わる程度が望ましいと思います。運動量がやや物足りないような気分くらいです。余裕をもって仲間と会話や情報交換も楽しんで、また会いましょうで帰宅するくらいがよいのです。運動後の状態の把握は健康の自己管理に重要で、動きっぱなしで、その場のみの楽しみで終わらないことが健康体操の実施効果にみられます。使い過ぎの部位や違和感がある箇所はないか、早めの対処を強調します。

5 身体活動や運動不足の結果の変化に気づく

日常生活動作に変化があった、どのような変化であったか、よくなった、変わらない、何か分からないが違和感がある、などに気づくこと。この頃イキイキしている、仲間と会話ができるのが楽しみになる、外出など行動が億劫にならないなど、次回の参加を楽しむためにも影響があります。

健康診断の結果、“身長が伸びた”が最も嬉しいそうです。毎回縮みがちでしたのに、同じ数値だった、少し増えていたといった報告は姿勢を意識しての動作方法が効果的であったと思いますし、自覚して動くことが励みになっているようです。また、その他の検査項目についても、現状維持で運動実施の効果を自覚した様子です。しかし、胴回りのぜい肉をつかみ、どうしたら取れるかなとの会話が弾んでいます。

6 社会とのつながり

自分の時間が生活の中にできたことで生活のリズムや意識性が変化します。

集まれる場、集まる時間、集まる人ができたことで解放感を抱く時間ができたこと、他者を知る機会が得られ久しぶりに複数の集まりで現職中の雰囲気や意欲も思い出しますが、今は、その気になればやりたいと思っていたことができるとき、これまでできなかったことをはじめて経験ができます。また、一人ではできないことがみんなと一緒の力で可能になり、みんなでつくり上げる目標も持てます。多くの情報が得られ、自由時間の使い方が充実してくるなど前向きでポジティブ志向になります。おだやかな雰囲気が感じられる状況の中で向上心が増し、楽しみの社会的つながりを意識し始める会話内容を感じるようになります。

形にはできない思い出づくりの経験でも非日常の社会を知ることができます。新たな交流の場では、異文化を理解する機会が得られ、食文化を知る体験、自然を共有する会話など、行動を通じて、心のつながりを感じるのです。お互いを肌で感じながら広い領域の社会を無欲で感じるゆとりは自由人の特権でもあり、社会とのつながりに貢献しているのです。つながりを豊かにすることは気分の安定にもつながります。「袖振り合うも他生の縁」を実感し合う平和な社会です。年金生活になっても知らなかった社会とのつながりが実現できます。自由人のつながりによって現職中には考えられなかった心のゆとりもでき、健康管理を優先しながらゆっくり目標に近づく生活を続けられます。ありがたさも社会的つながりがあるおかげです。みんながつながるのが社会とつながる第一歩。約束が生まれ、会話が進み、社会の一員であることを意識するようになります。人と人のつながりは、社会とのつながりです。

7 最近の高齢者の健康体操講座から

高齢者の世代は、定年後から74歳の前期高齢者、75歳以上の後期高齢者、90歳以上の超高齢者の３区分に、動きや行動に特徴が観察されます。

若い順に“サーこれから楽しみたい意気込み”で勢いがあるだけに、頑張りすぎによる故障の不安があります。後期高齢者になるとからだの不安を感じ守りで停滞気味になり、健康寿命も無事通過し動けることが喜びの行動にも見られ、80歳を過ぎる頃から老化の特徴が顕著に自他ともにみられるようになります。

85歳過ぎると穏やかに笑顔で楽しむ、後輩たちへの知恵も提供できる、現状全体に感謝の態度が雰囲気を和らげてくれる働きになります。それぞれの年代で以上のような特徴が見られます。

「人の振り見て我が振り直せ」ということわざがあるように、健康体操講座はお互いの学習の場でもあり、他者を尊敬する、自己管理ができる、相互扶助の仲間の集う教室です。そうなるまでに、あきらめず、焦らず、無理せず、続けることです。これは、長期的な継続グループで得られた状況です。

健康体操講座は、一般体操の経験がなく健康体操を十分理解のない方が参加していることを考慮した準備が必要です。健康講座の受講者は指導者よりも高齢で、人生の大先輩です。

男女の区別はない人間を対象に、共通する生活動作からヒントを得て体操内容を習得してもらうのが目的です。いつでも、どこでも、だれでも動きやすい生活密着型の一般体操は、定食としてのラジオ体操のその前に、動きの準備が必要になっている身体活動不足が感じられる講座でなければいけません。

短期的な健康体操講座で、30人以上の実技を安全にと考えると、椅子に座る、フロアに座るなどの動作内容になります。立位系の全身振動運動系（弾む、歩く）の移動動作では、個人に配慮しやすい20人以内の人数が理想です。人と関わる、物と関わる動きの内容を選択し、十人十色の特徴で動きますので、自分と対話しながら動ける内容で無理をさせないなどの配慮が必要になります。

各講座のレジュメを準備（すぐ忘れる人が多い）しておき、帰宅後に思い出すお土産をつくることも大切です。

日本人は座る時間が長いと指摘されていますが、高齢者はさらに便利な生活を選び、親切、便利な環境がいつの間にかフレイル状態に近い動き、反対に自由に楽しむ人との隔たりから「過剰と不足」が懸念されます。

一人で、隙間時間にからだを動かす、生活密着型の隙間体操はお金を使わず気兼ねなく自分のペースで行えますので、一連の簡単な体操を紹介しています。目標に合わせて取り組むときの参考にしてください。

写真１（50ページ）では、目が覚めても筋機能はまだ目が覚めていない状態です。「朝一番の目覚まし体操」は、からだに軽い刺激を与える程度のやさしい体操で、一日の活動がしやすくするための準備体操です。

写真２（51ページ）、「あきない体操」では、長い時間同じ姿勢でいるときのエコノミークラス症候群（深部静脈塞栓症）予防の体操を飛行機内で行い、長時間、短時間フライトでの状態の変化を見ましたが、日常生活でも「あきない体操」として、活用してほしい胴体を動かす内容の体操です。

⑧ 高齢者の健康体操講座の問題点

高齢者として包括的に講座を企画するので、全体的に具体的な目標も見えないまま参加することが講師双方に準備不足になる傾向があります。せっかくの機会が不十分で終わることは残念です。事前の確認があることが望まれます。

受講者より若い世代の指導者では理解してもらえないことが終了後の会話で聞こえてきます。高齢者の動きに関する現場のエビデンスが皆無に等しく、専門家の素晴らしい見本をまねしてからだを痛めることや、カタカナの専門用語がすぐ理解できないなどが現状の課題です。新しいことを知る喜びはありがたく、見る楽しみ、世の中の進化を知ることのメリットも聞こえてきますが、雑談では、ITやAI利用に関心のない人、気になるが使えない、習いに行ってもすぐ忘れるのであきらめたなど、使わない生活環境の世代間の格差が話題になります。実情は多種多様な問題や課題を余儀なくするため、動くことの楽しさを阻害しない配慮を大切にすることです。高齢者向けの指導者が話し合える情報交換会などの学習の機会が必要だと感じています。

人生100年時代の一般体操講座では、その場での急な変化を見逃さない注意が必要ですが、なんといっても各自が判断できること、その場でストップをかける勇気、知識が重要でしょう。サステナブルな動きは正しい知識と判断力を自覚し、できることから動く、普通の生活の身体活動の習慣化で社会的貢献につなげること、生涯学習の目標としては、実践躬行（自分から実践する）することが肝要と考えます。人間は「老、病、死」は避けられませんが、できるだけ納得する生涯を自分で獲得することが大切だと痛感しています。

第8章
あとがきに代えて

一般体操内容に生活動作と体操をつなぐ「生活密着型」の様式で活動を続けてきました。生活動作は、生涯必要な動作であり、生きる力を育む土台となる基礎づくりからサステナブルな一般体操を普通の人、普通の生活の中で動きを定着させるために動き・動作を導きやすくする「導具」（動きを導く手具）も創意工夫し、つくる、使う、続ける方法を特徴にしてきました。体育教育を通じての人間形成の土台となるからだづくりを、一般体操の動きづくりを重視して生きる力を育むための使命を担って継続しています。同じ方向を志す仲間で縦断的継続と短期的な横断的な講座（自治体、企業、個人など）を半世紀以上にわたり実践的研究課題として携わり、一般体操について縷々振り返ってみました。

実践すればするほど、課題解決に余念がなく、日に日に新たな課題を見つけるのです。

時代が変わり、社会が変わり、人間が変わり、何が起こるか分からないけれども、生きるための動きの基礎は世界共通であること、国境のない多様性が求められ、適応していく動けるからだづくりを一般人対象の健康づくりに協力してきたこと、一般体操のMAP（Mission、Action、Passion）を忘れることなく、あきらめないで続けていますが、老化に伴う体力の低下と共生する生活を余儀なくされています。

人生100年時代が概念的になり、幸せな最終期を求めて高齢者の講座参加者も増えてきました。定年後に考えるのではなく、その前に一人で自分のことはできる、動ける身体を意識して生活習慣にしておくことを望みます。移行期の暇・空きが老いにつながることを感じています。学生時代のフランス語教授の言葉がふとよぎります。「こうして、こうすりゃ、こうなることと、知りつつ、こうして、こうなった」（フランスコント傑作集より）とならないように！です。

大学卒業後２年の1964年の東京オリンピックの体操会場で女子メダリスト演技を目の当たりにして（チェコスロバキアのチャスラフスカ、ソビエトロシアのラティニナ、アスタフォア選手等)、そのときの印象がきっかけとなり、希少があるなら普通もあるとの思いに至ったこと。一般教育の体育担当教師であったことから、競技選手でない一般学生のための一般体操に転換をしたきっかけになったこと、普通人口が多い社会に役立つことは、実践女子学園創立者の下田歌子の理念でもあったのです。

生きる人間はグローバルに考え世界共通で、国境のない動きです。どのような環境にも適応できる多様な機能は求められダイバーシティの動き、ニューノーマル社会に適応する知識、情報がなくては困難を乗り越える健康維持は不可能であること、そのためにも基本の動作は生涯使えるように実践躬行しなければなりません。動きづくりの基礎から応用発展することができる一般体操は即効薬ではありませんが、常備薬的な考えで生活に役立ちます。地味で目立たない運動種目ですが、貢献度は高いといえるでしょう。

普通の人生で、普通の生活で、普通に生きる人が楽しく悔いを残さない生涯にするためには、一人で自由に動けること、自由に話せる仲間があること、みんなでできる目標があることの３点が自由期を楽しみながら生きる必携と感じています。

1999年頃一般体操の実践現場でも必要を感じたことからプリントを綴じあわせて基礎づくりに必要な内容について、ノート的に書き留めていたのですが、7冊目となりました。

長年の経験やつながりで教えられたことも多くなりました。一般体操を一緒に楽しんでくださった皆様にありがとうの言葉を贈らせてください。そして、一般体操が今後の日常生活に一層活かされることを願っています。

H.G.G.《ハーゲーゲー》の方々（卒業生、トータルフィットネスのＯＧ、実践的身体活動究会、ムーブメント会員、個人会員）にお礼申し上げます。

今回の出版に際し、幻冬舎の板原安秀氏、梅﨑柚香氏、鈴木瑞季氏等スタッフの方々からエッセンスを引き出してくださったことに対し心から感謝申し上げます。また、多忙の中、河田美保（旧姓春山）実践女子大学、日本女子大学・中央大学非常勤講師に体操撮影など協力いただけたことも付記します。

〈著者紹介〉

春山　文子（はるやま ふみこ）

1940年、広島県で生まれる。第二次世界大戦中に四国徳島に移住、戦後香川県高松へ移住し、中学で体操競技部に入部。その後、東京、日本大学体操競技部で選手生活、文理学部卒業後実践女子学園に就職。1964年東京オリンピックに体操役員として出向、1965年実践女子大学助手となる。

2010年3月定年退職（実践女子大学名誉教授称号）。

社会的活動：社会体育講師（健康体操）。学会活動、オリジナル導具・作品考案、実践的身体活動研究会代表、春山体操グループ（H.G.G.）主宰、一般体操日本体操祭、世界体操祭、環太平洋体操祭、アジア体操祭（監督・指導・出場）、パラオ共和国、モンゴル国招聘講座、地域健康体操講師、現在に至る。

日常生活《にちじょうせいかつ》の中《なか》で生《い》きる力《ちから》を育《はぐく》む
健康《けんこう》づくり「一般体操《いっぱんたいそう》」

2023年10月26日　第1刷発行

著　者　　春山文子
発行人　　久保田貴幸

発行元　　株式会社 幻冬舎メディアコンサルティング
〒151-0051　東京都渋谷区千駄ヶ谷4-9-7
電話　03-5411-6440（編集）

発売元　　株式会社 幻冬舎
〒151-0051　東京都渋谷区千駄ヶ谷4-9-7
電話　03-5411-6222（営業）

印刷・製本　中央精版印刷株式会社
装　丁　　弓田和則

検印廃止

Printed in Japan
ISBN 978-4-344-94566-1 C0095
幻冬舎メディアコンサルティングＨＰ
https://www.gentosha-mc.com/